跨文化语境下的英语翻译研究

陈美茜 ◎ 著

吉林出版集团股份有限公司

图书在版编目（CIP）数据

跨文化语境下的英语翻译研究 / 陈美茜著. — 长春：
吉林出版集团股份有限公司，2022.7

ISBN 978-7-5731-1645-1

Ⅰ. ①跨… Ⅱ. ①陈… Ⅲ. ①英语－翻译－研究
Ⅳ. ①H315.9

中国版本图书馆 CIP 数据核字 (2022) 第 117151 号

跨文化语境下的英语翻译研究

著　　者	陈美茜
责任编辑	陈瑞瑞
封面设计	林　吉
开　　本	787mm×1092mm　　1/16
字　　数	210 千
印　　张	9.75
版　　次	2022 年 7 月第 1 版
印　　次	2022 年 7 月第 1 次印刷
出版发行	吉林出版集团股份有限公司
电　　话	总编办：010-63109269
	发行部：010-63109269
印　　刷	北京宝莲鸿图科技有限公司

ISBN 978-7-5731-1645-1　　　　　　　　　　　　定价：65.00 元

前　言

　　跨文化交际的英文名称为：cross-cultural communication。其研究方向更加侧重于一种语言使用者在与非本民族语言使用者之间的沟通中所产生的理解误区。如果在跨文化交流的过程中，英语翻译内容并未深入其文化背景，翻译内容很可能从理解性的偏差中造成交际障碍，也无法充分表现出本方所持观点与理念。因此，跨文化语境的实质内涵是促进交际双方的相互理解与诠释，才能真正辅助翻译需求达到相互包容的最佳效果。

　　跨文化语境下英语翻译的基本原则是通过转化技巧，支持合作延伸，以合作国家的民族语言习惯为参照，尽量契合对方语言逻辑的理解效果。为此，在部分语法、词汇、句型等结构要素中也可以进行适当的调整和转化，进而加强翻译效果并促进"一带一路"倡议的实施。英语翻译本质上是加强不同语言文本的跨文化交际，在实际的翻译过程中，由于合作国家多为非英语国家，如果以英语为主要翻译语言，也需要充分考量对方在本民族语言向英语翻译过渡时是否产生了歧义性的翻译误区。因此，在不同文化背景下，英语翻译的主要方向在于解释语言误区，尽量消解文化障碍。为此，需要就语音、语法、词汇三方面的翻译技巧加以提炼，促使翻译文本的过渡环节中不出现误导性的内容。必要的转化技巧，也为强调翻译文本的可阅读性与理解性，需要就词类和形象的界定范畴加以精准化和全面化的细致研究，以便保障翻译内容可以支持合作的延伸。

　　在英语翻译的过程中，无论任何时期都需要充分考量政治、文化、科技、行业等诸多参照因素。在跨文化交际的视角下，英语翻译的最终理解维度必须契合读者倾向，否则其翻译内容也会产生本质误区与偏差。为此，本书针对跨文化语境下英语翻译的基本原则加以论述，同时提出了跨文化交际视域下商务合作机制促进合作延伸的英语翻译策略，以便为解析跨文化语境下英语翻译技巧提供理论参考。

作者

2022.5

目 录

第一章　大学英语翻译的理论研究

第一节　大学英语翻译教学中的问题

英语翻译的主要功能是实现不同语言的相互转换，使不同语言在翻译的帮助下实现交流与互动。在大学英语翻译教学中，教师应充分培养学生的翻译能力，提升学生翻译的思维能力，促进学生对翻译文本的转换，从而满足社会对翻译的需求。因此，本节着重探讨大学英语翻译教学中的问题与对策。

英语是一门国际语言，随着国际交往的不断增加，对英语翻译人才的培养变得越发重要。大学英语翻译教学不仅能够提升大学生的综合能力，还能够促进大学生交际能力的发展。在如今的大学英语翻译课堂中，许多教师只侧重于学生的会话能力，而忽视学生对于英语的实际翻译能力，从而阻碍了大学生英语翻译水平的提高。

一、大学英语翻译教学中的问题

大学英语翻译教学的最终目的是使学生拥有对两种语言的转换能力。就目前大学英语翻译教学现状来看，许多教师对于翻译教学的目标都不够明确，对于学生的实际翻译能力也不够重视，致使大学生的英语翻译水平得不到提升，进而无法充分参与到社会实践之中。另外，教师进行翻译教学的主要方式是对教材的讲述，但由于大学翻译所用教材内容十分单一，若教师专门向学生传输教材中的知识点，而不关注其他的教学内容，那么势必会阻碍学生对英语翻译的兴趣，使大学英语翻译的课堂氛围变得枯燥乏味。并且，这种方式在英语翻译教学中的运用容易造成翻译的针对性以及专业性较弱，不利于巩固大学生的英语翻译学习基础。

二、大学英语翻译教学对策

（一）明确翻译目标，强化教学研究

在大学英语翻译教学中，明确翻译目标对翻译教学极为有利，也能够使大学生循序渐进地获得翻译水平的提高。大学英语翻译教学的本质目的在于培养具有较高素质的现代翻

译人才，使培养出的专业翻译人才符合时代发展的需求。所以，在大学英语翻译教学中，教师应让学生充分明确翻译的目标，强化教学研究，并针对学生普遍出现的翻译问题制定出积极有效的教学目标，改变传统的教学模式，注重对大学生英语综合素质的培养，使大学生的英语翻译水平取得切实的进步。另外，由于大学英语翻译教材中存在着大量的知识，所以学生应明确自身的翻译方向，使自身的英语翻译学习具有针对性，从而实现理论与实际相结合，使大学英语翻译教学的效率得到显著提升。

例如，在日常的翻译教学中，应明确教学目标，使大学生的翻译水平有所提升，并且，教师也应及时了解学生的学习成果，并针对学生在学习中的不足而制定积极有效的教学手段，最终实现大学英语翻译教学的高效性。

（二）利用英汉对比的教学方法，充实教学内容

英语与汉语最大的区别主要为英语重视语法，而汉语重视语意，英语不可进行重复词语的使用，而汉语极为重视对词语的重复，这些因素是英语与汉语产生差异的原因。在现阶段大学英语翻译教学中，教师可以利用英汉对比的方式，充实教学的内容，促进大学生对英语词汇的理解，使大学生能够拥有正确的英语翻译学习方法。另外，由于大学生惯于使用本国语言的表达方式，在实际的英语翻译学习中，往往在不经意间就将英语用汉语的表达方式表现了出来，这对于大学生英语翻译水平的进步极为不利[1]。所以，教师可以充分发挥出英汉对比教学的优势性，让大学生通过对比的方式明确英语与汉语之间存在的差异，最终实现大学生翻译水平的切实提高。

例如，在日常的翻译教学中，教师应针对教学的内容，利用英汉对比的教学方法，促进大学生对英语知识的理解，降低大学生的学习难度，增强大学生的学习记忆，使大学生能够充分发现英语与汉语之间的差异，以达到有效学习的目的。

（三）构建翻译教学评价体系，提高教学效果

教师应构建出英语翻译教学评价体系，从多个方面考量学生的实际翻译水平，促进学生英语翻译综合能力的提升，使学生的翻译水平能够符合时代的要求。并且，构建教学评价体系还有利于让学生看到自身在英语翻译学习中的不足，进而使学生采取积极的方式进行改正与弥补，确保大学生走向一条正确的英语翻译学习之路，另外，构建翻译评价体系，还有助于教师了解学生的实际学习状况，不断提升大学生在英语翻译课堂中的参与程度，吸引大学生在英语翻译课堂中的注意力，从而使英语翻译的教学效果得到提高，以实现大学生英语翻译水平质的飞跃。

总而言之，英语翻译已然受到了社会的普遍重视，作为培养学生翻译能力的领路人，大学英语翻译教师应不断创新自身的教学手段，激发大学生对英语翻译的学习兴趣，可以利用英汉对比的教学方法，来充实英语翻译教学的内容，让学生明确英语翻译学习的目的，使大学生的英语翻译水平取得切实的提升，从而为我国的发展培养出具有较高翻译水平的

---

1 张新红，何自然. 语用翻译：语用学在翻译理论中的应用 [J]. 现代外语，2001（3）：286, 292.

现代人才。

第二节　大学英语翻译教学思考

近年来，大学英语教学改革得到全国各所学校认可，制定新的改革政策和方案，目的在于提高大学生英语应用能力。在大学英语教学改革的背景下，翻译得到了全国各高校的关注。本节基于对翻译形势、翻译无法得到提高的分析，阐述让非英语专业大学生掌握翻译技能的重要性以及认识学好这门课程的必要性。

随着全球化的加剧，中国与各国之间的联系也日益密切。作为世界上使用频率最高也是最重要的国际通用语言，英语尤其重要，英语翻译在国际上更是扮演着至关重要的角色。翻译是在准确的基础上，在源语言与目的语之间转换的一种行为，其内容涵盖范围广，涉及文字、图案、符号等。然而，翻译并没有引起全国高校的注意，加上翻译市场秩序混乱，翻译质量总体不高，这是制约我国教育发展的重要因素，教学改革势在必行。

一、翻译形势和市场对翻译人才的需求

在中国的传统英语教育中，会把听、说、读、写作为英语学习的重点能力，过于注重字面知识的教授以及阅读能力的培养，较为忽视写作和翻译在交际与应用方面的实用性。日常生活中，Chinglish 和错译比比皆是。

如：slip carefully（小心地滑），诸如此类的情况还有很多。然而是什么造成了翻译质量水平低下呢？——对翻译的不重视。所以对大学英语翻译课堂的改革并不是突发奇想，而是顺应了时代的要求。

翻译人才来源单一是另一重要的原因。目前国内开设的翻译课程仅限于英语专业学生，然而科技不断进步，信息资源日益增加，翻译市场的需求也随之日益多元化、专业化，而这正是英语专业学生的短板所在。如果仅指望英语专业的学生进行翻译工作，数量和专业性都会出现大的缺口。

翻译不仅仅是笔译，还包括口译，二者存在着不同的标准、模式。后者侧重于英语口语技能，前者侧重于英语撰写技能。但是大学翻译课堂中总是持"培养学生具有较强的阅读能力和一定的听、说、写、译能力"的观点，翻译并没有得到重视，学校翻译课堂的教学并不能满足他们的需求，很多学生不得不在课后花大量时间和金钱去学习翻译。

对翻译教学的不重视也可以从学校的课程安排和考试安排得出结论。由于教学设备以及师资力量相关方面原因，国内大部分学校的翻译课程一周一次，口译课甚至被忽略。然而在这仅有的一个半小时内，学生真的能熟练掌握的知识太少。再者，一个学年的翻译课程上学期为考试，下学期为考查，这种考试安排给学生造成了一种误解，把上学期的内容

学好通过考试就好，下学期听听就好，反正不需要考试，这严重影响了学生对翻译学习的重视和认真程度。近年来英语考试也在不断地改革，大学英语四、六级考试增加了笔译考试部分，确实是把翻译提上了章程，可实际上，学生们还是会把复习重点放在听和读两方面，改革并没有给翻译课堂带来多大的改变[2]。

另外，翻译课堂中的教学方法也是阻碍翻译课堂改革的重要原因。尽管学校会订购大量与翻译相关书籍，但是课堂教学就像是在玩造句游戏。老师把需要翻译的句子或者段落整齐地展示在电脑屏幕上，学生们完成"造句"，老师再给出范文要求同学们抄写下来，这就是大部分学校的笔译教学课堂。这对学生们提高翻译技巧实在有限，当学生们步入社会，这些有限的知识点真的也不能完全适用于社会实践。

二、大学翻译教学的必要性

翻译身兼技能与科学两方面，具有双重性。人们总会产生一种错误的理解，认为学英语就会做翻译；在学校里，部分师生认为提高阅读理解能力，掌握大量的词汇，牢记英语语法，翻译问题就迎刃而解。但是从学生的翻译学习中我们得知，事实并非如此。

（一）理解——英译汉

一直以来，大家都有一个错误的认识，擅长阅读理解的人在翻译方面一样出色，事实却并不如此。我们可以通过下面的实例探讨存在的问题：

例：His parents are dead against the shopping.

他的父母为了反对这次购物死了。

这个例子很显然是因为没有对句子进行正确理解与分析从而错译，dead 和 against 两个词同时出现在句子中是一个词组，意为竭力反对，而不是因反抗而去世，所以正确的翻译是他的父母坚决反对这次购物。

例：Thatcher never suggested that the transition would be easy-but the economic shocks of her first eighteen months at 10 Downing Street have been so seismic that even the stiffest upper lips are aquiver.

撒切尔从未表示过（经济）转体会一帆风顺，但她上任后十八个月在唐宁街 10 号的经济冲击引起地震，甚至使僵直的上唇也在发抖。

从翻译的内容来看，整个句子不仅语法错误并且理解偏差太大，在翻译的过程中省略了不该省略的词语 first，导致语句歧义，这十八个月可以是任意的十八个月，然后句子想要表达的是头十八个月；Economic shocks 在句子的语境中不应该直译为经济冲击甚至后面的引起地震，单从自然科学解释，这也是不存在的观点；lips are aquiver 这里运用了借代的修辞，指意志坚定的人，而不能根据词语表面的意思直译为发抖的双唇。

2　何兆雄.语用学文献选读 [M].上海：上海外语教育出版社，2003：370-372，374.

（二）表达——汉译英

除开阅读能力，拥有大量的词汇和铭记于心的语法知识就可以自信地走上去往翻译的道路吗？同样，我们可以从下面的例子中探讨得出结论。

例：你怎么想没有关系，重要的问题是你怎么做。

What you think does not matter，but it is more important that how you deal with the problem.

提到"问题"，我们马上闪现在脑海中的单词有 question 和 problem。然而，句中的"重要的问题"是指重要的事，所以，可以将原句中 problem 换为 thing。此外，中文博大精深，一个词语可能会有多种意思，而"问题"还可以表示为出故障、不能解决、意见等。例如：你的答案有问题。我们可以将这句话翻译为：Your answer is wrong。因此，并不是所有的"问题"都要用 problem 来表达，应考虑到不同句子的不同语境。

例：我有一个幸福的家。

I have a happy family.

我们常用 family、home 和 house 来表示"家"，但是翻译时，每个"家"却有着不同的含义。family 主要指家庭中的成员或者家庭这个整体。

例如：你的家人在哪里？我们会将这句话翻译成：Where is your family?

home 主要指一家人生活的地方，也可以表述为家乡；这里既可以指真实的家，也可以借此勾画出对家的理解。例如，我们经常说"金窝银窝不如自己的狗窝"，在英语中我们也可以找到对应的相似的翻译，East and west，home is the best；而 house 是指具体的建筑或者住房。我们可以通过一个故事来进行更好的解释：一个百万富翁找人诉苦说他没有 home，别人指着他旁边的大别墅说，那不就是你的 home 吗？他却回答道那只是他的 house。这就是问题所在。

三、提高大学英语翻译教学的措施

（一）适量的翻译练习

学习翻译没有捷径，要学好翻译，必须勤加练习。在传统的翻译课堂中，学生只是跟着老师的节奏，对黑板上或者屏幕上的句子、段落进行翻译，加上其他同学回答问题或者提问的时间，一个星期两堂课一个半小时下来，绝大多数学生并不能得到充分的锻炼。这就要求在课后，老师能够鼓励学生自主进行翻译训练，布置适量不同题材的翻译作业，同时兼顾英译中和中译英两个方面。在翻译练习的指导中，要注重两个方面的问题。第一，要将翻译作为一种专业技能进行训练，注重在翻译过程中的技能—技巧获得的操作。第二，注重翻译练习的专门化和专题化。翻译练习很容易走入到泛化的阶段，也就是拿到什么翻译什么，翻到哪里算哪里。这样不利于学生技能和技巧的提高，也不易培养学生的翻译意识和兴趣。这里讲的专门化，指的是翻译的方向，比如文学翻译、法律翻译、旅游翻译。

而专题化指的是翻译的主题内容，比如教育、体育、医疗等。学生在"认知—行为—效果"的指导下，能够建立起对翻译的整体认知和渐进式的体会。在翻译教学和翻译训练中，根据当今社会的发展趋势，还可以适当引入计算机辅助翻译（CAT）的讲解和训练。通过大量的反复练习，能够帮助学生树立信心，在课内课外与教师形成有效教学互动，并让学生得到充分的锻炼。

（二）改变教学模式

传统的教学方法是老师站在讲台分析，在黑板上写下一长串的信息和答案，学生们只需要在下面拿着笔跟着记下就好。或者是学生试着翻译一下，然后对一对老师给的"标准答案"，甚至有的翻译内容早已失去了其时效性。我们往往会发现，这种传统的教学模式并不能激起学生学习翻译的兴趣和主动性，每一次学生遇到翻译时，所学的知识又成了未知。因此，在教学过程中，还要注重内容、形式、效果三者的有机统一。翻译教学的内容是基础，在教学中需要理论教学和实务教学并重，学科知识讲授和专业领域研习并举。因为翻译的形式承载同时也表达翻译的内容，翻译教学需要摒弃那种一段话翻译一节课，一本书讲一个学期的旧思维。教师在教学中必须开阔眼界，转变思维，注重实践和实务教学。所以，在翻译教学的授课过程中，老师应注重课堂学习效果，给学生更多的机会去展现自己。可以将学生和老师在翻译训练中遇到的难题进行记录归类，在时机成熟的时候有的放矢地集中讲解。这样的翻译实务教学并不是一个简单的"学生翻译—老师评价"的过程。关键的目的在于通过翻译实务操作，逐步引导学生进行翻译理论思考，让学生在这个过程中能够知其然，还能够知其所以然。

（三）提供适量的翻译实践机会

对于翻译教学，我们总是会面临这样一个困境，就是学生在课堂上学到的翻译策略、技巧似乎永远只是知识，很难内化成为一种翻译的能力。一遇到真实的翻译问题，所学的东西全部还给老师。学习的最终目的应该是学以致用，在课堂中学习的翻译理论和技巧需要通过实践的平台展示出来。所以，学校和老师应该注重社会参与度，积极探索和利用资源，适量地给学生提供一些翻译实践的机会和实训实践平台。例如参与翻译项目、外事接待、国际性赛事、活动翻译志愿者或者网上翻译兼职工作等。只有让学生通过类似口笔译活动去积累经验，他们才会真正地了解到翻译的重要性，从而会更加有信心地学好翻译。学生只有在实践中遇到问题，才能够用心去思考和解决，从而促进翻译水平的根本提高。

翻译是大学英语教学中不可或缺的一门课程，不管是课堂教学还是日常交流，翻译似乎无处不在。在当今这个快速发展的全球化新时代，翻译教学更是面临着新的挑战。我们在掌握翻译核心教学思想的同时，也需要与时俱进，注重兼顾翻译教学的全局性、整体性和未来性的统筹发展需要。同时，在教学中，还要重视学生个体和群体性差异问题，在培养学生翻译能力和强化其翻译认知的基础上，树立正确的翻译教学思想和翻译研究新风。

第三节 大学英语翻译教学改革

我国每年都会有大量的大学毕业生走进社会，但部分行业仍没有招收到足够的翻译人才。专业素养良好、翻译能力较强的优秀大学毕业生成为我国社会紧缺的人才。翻译教学是大学教育的重要组成部分之一。通过翻译教学，高校可以培养出大量满足社会需求的翻译人才。目前，在我国的大学英语教育中，翻译教学没有得到校方的重视，学生受到的翻译训练和翻译教学内容不足，翻译能力无法有效提升。大学英语教学改革和不被重视的翻译教育，是我国紧缺翻译人才的重要原因。通过分析我国大学英语教育现状、社会对翻译人才的需求状况，我们可以从观念、基础、方法、教材等方面，对大学英语翻译教学提出合理的建议和改革方案。

一、大学英语翻译教学理念

在我国，翻译教学是大学英语教育中不被重视的教育环节，然而翻译教学是满足社会人才需求的重要途径。在高校英语考试中，翻译分值比例逐年增加，翻译能力已经成为英语教育的重点内容。目前，我国高等院校的英语教育方面存在很多缺陷，传统观念的影响、学生基础的差距、教学方法的落后、教材内容的匮乏都对英语翻译教学产生了负面影响。

（一）传统观念的影响

翻译教学在英语教学中地位边缘化严重。翻译无理论是大学英语教育界甚至整个英语界一直存在的错误观点。该理论的主要内容有：实践是翻译教学的主要方式，翻译理论不需要过多研究。翻译能力虽然是后天培养出的能力，但会受到天赋和悟性的影响。翻译是语言转换的过程，不需要教育者传授，也不需要学生主动学习。在这些错误观念的影响下，越来越多的高校忽视了翻译教学，学生的翻译能力无法得到有效培养，从而导致翻译人才短缺的现象。在我国，英语四六级考试中，翻译部分分值较低，且模式固定，翻译难度较低，难以受到教师和考生的重视。这也是大学英语翻译教学不被重视的原因之一。

（二）学生基础的差距

我国高校学生的英语基础参差不齐。知识面不全、英语基础不牢固是影响学生学习英语的主要因素。词汇量不达标是我国高校学生翻译能力不足的主要原因。在中学阶段，我国学生记忆英语单词的方式主要是死记硬背。这种强制性的记忆方式，记忆时间较短，不利于学生理解单词的含义和使用方法，削弱了学生在翻译环节的应用能力。语法、理论等英语内容，是目前我国英语教育的主要内容。在翻译过程中，学生频繁出现单词意思掌握不准确、语法结构使用不当、语句表述方式错误等问题。在应试教育的影响下，学生对翻译能力的重视度不足，错误地认为翻译能力没有可以培养的必要。过度第重视听、说、读、写，忽视翻译能力的培养，会降低学生的翻译能力，影响教育者的英语教学活动。

（三）教学方法的落后

我国传统教学方式是"以教师为中心"，即教学活动的主体是教师，教师掌握了教学的节奏和教学的内容。疏通句子、逐段翻译、改错纠错、单词背诵是我国英语教学的主要方式。这种教育方式忽略了教师和学生之间的交流互动，降低了学生的学习积极性，影响了学生的主体作用，掩盖了学生的能力，阻碍学生认识自身缺点。教育方式缺乏创新性，教育者使用单一的教学方式，会降低学生学习的积极性，减少学生在学习环节的参与度。目前，我国高校中普遍存在的现象是，一位教师承担多个班级的课程，教学任务繁重[3]。教师对学生的考核要求都是以固定答案为判定基础，限制了学生的个性发挥，教师无法掌握每个学生的英语缺陷。

二、大学英语翻译教学的改革方向

（一）提高师生对翻译教学的认识

为了改变高校英语教育对翻译教学的偏见，我们应主动摒弃错误的传统观念。大学英语教学翻译和翻译教学是不同的。教学翻译是指，通过翻译，教育者可以提高学生的英语能力，巩固学生的英语基础，增加学生掌握的词汇量，分清语法结构等。翻译教学是指，通过翻译，教育者可以传授给学生翻译理论、翻译方法和翻译技巧，是一种较为深层次的英语教学方法。英语专业学生和非英语专业学生对英语的掌握程度不同。高校教育者应分清学生的英语专业能力，因材施教，勇于创新，改变传统的大学英语教学模式。通过翻译教学，教育者可以提高学生的英语翻译能力，强化学生在科技翻译、专业翻译等领域的优势，培养学生的外语综合能力。正确认识翻译教学，可以提高学生的学习积极性和主动性，帮助教师了解学生学习状况，加强学生和教师之间的互动，提高教学效果。

（二）提高翻译教学质量与比重

在翻译活动中，借助语言内容思维转换和翻译理论，学生可以完成翻译实践，从而提高翻译能力。英语实际应用水平的高低反映了学生的翻译水平。在英语教学中，翻译和听、说、读、写等英语应用能力的重要性相同。我国高等院校应注重大学英语翻译教学的教学时间安排，为学生提供练习翻译能力的机会。教师应提高对大学英语翻译教育的重视度，教育者对翻译教育的态度影响到翻译教育的定位，从而决定了翻译教学的效果。理论认知、翻译能力、词汇基础、翻译技巧等，都是大学英语翻译教学的主要内容。翻译能力的培养需要大量的翻译练习，高校教育者应注重培养学生的翻译实践能力，提高科技翻译能力。

翻译技巧教学和翻译知识教学是高校教育者改革翻译教学方式的主要方向。在翻译技巧教学过程中，教育者应着重锻炼学生的翻译技巧，引导学生使用减译法、分译法、增译

3　骆裴娅.经济语言学视域下的广告语言 [J]. 重庆工学院学报，2009（4）：142-145.

法、调整翻译法、语态转换翻译法等多重翻译方法完成翻译活动。语言是翻译的主体，语言转换是翻译的原则。根据实际情况，教育者可以根据学生的不同特点，开展针对性翻译教学，提高学生翻译能力。人文常识和社会文化，是翻译活动中不可忽略的翻译内容，与翻译有关的历史文化、重要人物、重大活动都是人文常识教学中的重要内容。通过翻译实践活动，英语专业学生和非英语专业学生都可以了解语言差异、社会语言环境、译者主体、翻译发起人、权利关系等。翻译理论知识教育可以深化学生对翻译的认知，提高学生的翻译能力，防止学生出现公式化翻译等错误翻译行为。

（三）完善英语翻译教学条件

目前，我国大学英语翻译教学缺乏合理的教学大纲，没有明确的教学方向。根据学生水平和实际需要，高校应编写翻译教学大纲，制定教学要求和标准，明确教学方向，创新教学方式，完善教学设备，为教育者提供足够的教材，包括文学、政治、经济、科技、文化等领域的优秀翻译作品，丰富教育者的教材内容，扩展学生的翻译范围。教材内容应贴合实际，顺应时代发展潮流，保证学生接受的知识是科学、合理的。篇章翻译、英汉对比翻译、问题翻译、文章译述、学术论文、产品说明、技术资料、会议资料、旅游文件等，应作为翻译教学的重点教学内容。有关机构和高校应采取合理的鼓励措施，提高教师的教学积极性，为翻译能力较好的教师提供发挥能力的平台。定期组织进修活动或培训活动，在维持教师现有翻译能力的基础上，提高教师的翻译能力和教学能力。目前，大学英语翻译教学师资力量不足，合格教育者的数量无法满足翻译教学的需求。翻译理论不足、实践能力不足、教学水平较低，是高校教师队伍较为突出的问题。高校应采取适当的措施，解决这些问题，培养教师能力，提高教学质量。

在我国，非英语专业高校学生在我国高校学生中占据了很大的比重。翻译能力决定了高校学生的英语应用能力。例如，在医学高校中，翻译能力和医学知识、医学理论的关系较为密切。医学教授的论文著作和医学生的课题论文，都需要借助具备专业翻译能力的从业者进行翻译工作才能刊登。具备专业翻译素质和翻译能力的高校学生是目前社会急需的翻译类人才。翻译是体现综合学科知识和英语能力的重要学科。作为合格的翻译者，高校学生需要了解不同领域的专业知识，掌握不同领域的相关要求，才能完成专业性较强的翻译工作。在我国，翻译类从业者多是英语专业高校学生。高校重点培养了学生的英语能力和翻译能力，忽视了其他领域的专业知识和科技知识。在翻译过程中，由于专业知识的匮乏，很多高校学生无法完成专业性翻译工作。高校应重视翻译教学环节，正视非英语专业学生的专业能力，重点培养非英语专业学生的英语能力和翻译能力，完善大学英语翻译教学方法，丰富翻译教学内容，提高非英语专业学生的翻译能力。受传统错误观念的影响，我国大学英语翻译教学起步较晚且发展缓慢，高校向社会输送的合格翻译人才无法满足社会的人才需求。翻译教学作为大学英语教学环节，高校应制定合理的翻译教学大纲，编写高质量翻译教材，设置合理的大学英语翻译教学考核标准和考核方式，提高教师的教学积极性和学生的学习积极性。社会的需要决定了翻译能力的地位，英语专业高校学生对其他领域专业知识的匮乏，提高了非英语专业高校学生的需求地位。具备良好英语翻译能力和较高翻译素养的非英语专业高校学生，成为目前社会紧缺的翻译人才。高校应提高教育者和学生对大学英语翻译教学的重视度，全面培养高校学生听、说、读、写等英语基础能力和英语翻译能力，提高教学质量，加快英语教育发展速度，完善大学英语翻译教学条件。英语专业高校学生和非英语专业高校学生，拥有不同的优势和劣势，为了满足社会对人才的需要，高校应注意调整教学方式，避免英语专业高校学生和非英语专业高校学生出现同质化，削弱英语专业高校学生的英语能力和非英语专业高校学生的专业能力的优势。在当今社会，翻译已经成为一门复杂的学科，文字形式的转换是翻译的主要表现形式，但不是翻译的唯一内容，政治、经济、文化等多个领域，都需要具备强大翻译能力和优秀英语素养的人才。

第四节　对分课堂：大学英语翻译教学

翻译是大学英语教学中非常重要的一部分，内容涉及古今中外文化传统与社会发展的方方面面。但由于大学英语课时少，翻译练习耗时长，翻译教学往往被忽略。本节将基于"对分课堂"教学模式，探讨大学英语教学中翻译教学新模式，期待本研究能激发学生学习热情，提高教学效果，减轻教师负担。

一、研究背景

大学英语是大学生的公共基础课程，学习人数多，涉及面广，影响较大。2015 年公布的《大学英语教学指南》（征求意见稿）明确指出：大学英语的教学目标是培养学生的英语应用能力，增强跨文化交际意识和交际能力，同时发展自主学习能力，提高综合文化素养，使他们在学习、生活、社会交往和未来工作中能够有效地使用英语，满足国家、社会、学校和个人发展的需要。所以，我国高校开设大学英语课程，有利于大学生的未来发展，有利于提高教育国际化水平，有利于提升我国的国际竞争力和年轻一代的国际交流能力。由此可见，大学英语在国家战略和个人发展方面起着重要作用，但人们对当今大学英语课堂教学"费时、低效"的责难也不绝于耳。因此，大学英语教学改革的呼声不断，尤其在全球化背景下，改革的呼声也越来越高。为了调动学生的学习积极性，提高教学效果，国内专家、学者在引进国外先进教学理念的同时，也在不断探索适合中国国情，具有中国特色的外语教学理论和方法，如文秋芳教授提出的"产学导向法"，张学新教授提出的"对分课堂"等。

大学英语的主要目的是"在高中英语教学的基础上进一步提高学生听、说、读、写、译的能力"。所以,翻译是大学英语发挥其工具性的一个重要指标,也是语言交流的一个重要方式。自2013年12月开始,大学英语四六级考试改革,翻译由原来的单句汉译英改为段落汉译英,内容涉及中国历史、经济、文化、社会发展等方面。大学英语教学中,翻译是提高学生母语文化的英语表达能力,进行跨文化交际的有效方法之一。但大学英语中的翻译教学现状是:课时少,内容多;老师讲得多,师生互动少;为了完成教学内容,课堂以知识输入为主;学生被动接受,积极性较难调动,上课打瞌睡、玩手机等现象频现;课堂知识内化时间短,致使课后作业抄袭答案现象严重;学习缺乏主动性和自主性,学习效果差,语言输出能力弱。此外,翻译练习和技巧讲解耗时长,往往是点到为止或被忽略。新视野大学英语(第三版)对课后翻译练习部分有了全新的设计,包含英译汉和汉译英两个段落翻译,内容涉及古今中外文化传统与社会发展的方方面面。但由于学生学习任务重,翻译水平和翻译技巧有限,这部分练习不能引起学生足够的重视并激发学生的学习兴趣。这种现象也是普通高校大学英语的共性。

在改革的浪潮中,复旦大学张学新教授提出了符合中国国情,具有本土特色的"对分课堂"教学新模式,既关注了教师的"教学方式",更注重了学生的"学习方式"[4]。所以,本节将基于"对分课堂"的教学模式探讨大学英语翻译教学模式。

二、"对分课堂"教学模式

"对分课堂"(PAD Class)是由复旦大学张学新教授提出的。该教学模式既融合了讲授式课堂与讨论式课堂的优点,也符合中国国情,具有本土特色。

对分课堂的核心理念是"把一半课堂时间分配给教师进行讲授,另一半分配给学生以讨论的形式进行交互式学习",即"对分课堂+隔堂讨论"。对分课堂分为三个阶段,即"讲授(Presentation)、内化吸收(Assimilation)和讨论(Discussion)"。对分课堂强调的是"生生、师生互动,鼓励自主性学习";它的创新点是"把讲授和讨论时间错开",让学生"自主安排学习,进行个性化的内化吸收";在考核方式上,对分课堂强调"过程性评价,关注不同的学习需求"。

就目前国内相关研究成果来看,"对分课堂"的研究热度呈逐年上升态势,尤其在2016年。在中国知网中(截至2016年9月),以"对分课堂"为关键词,共搜到85篇期刊论文,其中2016年占80篇;涉及"高等教育"的46篇,"外国语言文字"的15篇。以"对分课堂"并含"大学英语"为关键词,共搜到7篇,但以"对分课堂"并含"翻译"为关键词,搜索结果为0篇。由此可见,"对分课堂"在翻译教学中的应用,就笔者所能搜到的结果来看,鲜有人涉足。所以,本节将基于"对分课堂"课堂教学模式,以大学英语课堂中的翻译教学实践为例,探讨大学英语翻译教学模式,期望能减轻教师负担,激发学生积极性,提高教学效果。

4　王爱琴.基于本土实用文本的翻译教学[J].中国科技翻译,2009(4):29.

三、"对分课堂"教学模式在大学英语翻译中的应用

笔者以新视野大学英语（第三版）第二册第三单元 section A 中的课后翻译练习为例，基于"对分课堂"教学模式进行了课堂设计。教学对象为本校 2016 级大一新生，班级人数 49 人，每周 2 次课，每次课 2 学时，共 4 学时。翻译练习作为大学英语读写教程的一部分，每周课时安排 1 学时，为了保证"对分课堂"教学模式的顺利展开，保证学生的自主学习时间，教师"讲授"环节安排在第二次课的第二学时，课堂设计流程如下。

（一）教师"讲授"环节

中国学生在学习翻译的过程中，最大的困惑和难点是不了解英语和汉语的基本差异——"形合"与"意合"，从而导致了英翻汉时语言的生硬，即不放过任何一个连接词；汉译英时忽略连接词，导致语法错误。所以，在此环节，笔者以"形合"与"意合"为切入点向学生讲解英语和汉语的基本差异之一。

首先，告诉学生综合性的英语"注重时态变化、词形变化（包括分词与不定式）"，注重运用"逻辑语法连接词语"；意合性的汉语"主要靠词序变化、上下文语境及言外事实逻辑来达到明晰思路的目的"。"逻辑语法连接词语"包括连词、介词、副词、关系词，以及起承上启下作用的各种短语，这些词或短语的使用表明句子内部、句子之间，乃至段落之间的逻辑关系。然后，以课后的英翻汉练习为例，挑选几个句子说明"形合"与"意合"在具体实例中的处理方法。其次，在课堂中，让学生根据自己的翻译进行"回译"练习，注意英语"形合"的特点，正确使用"形式标记词"。最后，布置作业让学生进行第二阶段"内化吸收"的学习。

（二）学生"内化吸收"环节作业设置

学生在"内化吸收"阶段，应该将所学知识进行深入学习和拓展学习。所以，教师应给学生设置明确的目标，使学生明确学习的方向和任务，或者说设置"输出驱动"任务，因为"产出比输入性学习更能激发学生的学习欲望和学习热情，更能够取得好的学习效果"。让学生进行"选择性学习"，因为"选择性学习比非选择性学习更能优化学习效果"，而且"成功学习者总是从接触到的多种信息中选择重要信息进行处理、记忆，而不是不加区分地进行全面深度加工"。

学生"内化吸收"作业包括以下几项：第一，完成课后的关于"孝道"的翻译练习，注意英语的"形合"特点，正确使用"形式标志词"；第二，通过课后翻译练习的对比，找出中美文化背景下"父母和孩子"关系的异同点；第三，用英语讲述一件关于中国"孝道"的故事（从古至今皆可）。三项作业均进行"隔堂讨论"（此环节和上一次"讲授环节"间隔四天，中间有双休日），第二和第三项作业必须在小组讨论后进行言简意赅的课堂陈述。

本阶段的学习鼓励学生"自主安排学习，进行个性化的内化吸收"，目的是"帮助学生盘活已有的被动性知识"，"促进他们主动学习新知识"，使学生的学习真正发生。

（三）课堂"讨论"环节

"隔堂讨论"是"对分课堂"模式的创新点，是对学生"内化吸收"环节的检查，也是发现学生问题的一种方法。在这一环节，"组织者、引导者是教师在这一环节的主要角色"，这就意味着教师要"引导小组成员围绕课程内容来讨论，避免偏离主题的无效讨论"。

在本阶段先将学生分成 7 个小组，组内展示并分享自己的"作品"，由小组成员进行组内评分和评判。因为这个环节"旨在通过对学生作品的评价，帮助老师了解教学效果；同时帮助学生了解学习成果的同时，进一步提高自己的产出质量"。讨论时间持续 15 分钟，在该过程中学生应去掉组内成员间的重复内容，选一个代表将最精华的部分展示出来，每组不超过 2 分钟，该代表和组内成员需接受老师和同学的质疑。然后，教师进行反馈，因为"学生对教师反馈的接受度最高，更倾向于接受教师反馈"。最后，教师讲解汉译英部分的内容结构，要求学生进行更改，并随机抽查部分学生的作业。学生的课堂表现均通过生生互评和老师评价，根据学生的努力程度，给出相应的分数，这个分数将作为过程性评价的主要评判标准。

四、课堂效果

90 后大学生"特立独行，个性张扬，易于接受新事物，但自我中心凸显"，"迷恋网络，缺乏学习动力，人际关系紧张"。"对分课堂"教学模式的实施，则利用学生的这些特点，使他们通过自己的学习，在课堂中展现自己的"个性"和"自我"；在学生"内化吸收"阶段，则利用了他们热衷网络的特点，使他们通过网络获取自己需要的学习材料；而小组讨论则为学生提供了互相交流的平台和机会。

通过分析可以看出，教师讲授环节，加强了学生的语言知识，指导了学生的学习策略；内化吸收阶段，学生巩固了语言知识，增强了文化意识；讨论阶段，学生练习了自己的语言技能，培养了情感态度，增强了思辨能力。

通过"对分课堂"的实施，结合学生课堂表现、语言输出及平时成绩，可以看出，该模式对大学英语翻译教学和学习具有良好的效果和积极意义，主要体现在以下四个方面。

第一，使学生由"被动接受性"学习转向"互动交流性"学习，不但激发了学生"探索性"学习的热情，而且提高了学生自主学习能力，使课堂中出现了交互学习，生生互动，师生互动。第二，通过这三个阶段的学习，对提高学生语言知识、语言技能、文化意识及思辨能力等方面都有帮助，最终提高了学生的翻译水平。第三，"隔堂讨论"使学生有机会发挥自己的潜力，如演说能力、领导能力等，真正激励了学生，调动了学生，让课堂成为"以学生为中心"的课堂。第四，教师也从中受益，不仅教学效果增加，而且教师也从繁重的机械式劳动中解放出来。

由此可见，"对分课堂"教学方法既传承了传统教学的精华，又吸取了参与、探究、研讨、合作等多种学习模式的特点，切合中国教育和课堂教育实际。认知心理学原理的融入，充分激发了学生的学习动力，提升了学生的思维能力和创造性，符合个体知识获取的认知心理规律。与此同时，减轻了教师的低水平机械性教学负担，达到"教学增效，教师减负"的效果，对大学英语教学具有理论和实际应用价值。

当然，本研究在实施过程中也会遇到一些困难，比如在"内化吸收"阶段，如何更全面地检验学生课后学习状况以及学生的努力程度？在课堂中，如何使学生分享有价值的观点，提出疑问？这也是本研究在实施过程中的难点，希望在以后的教学研究中能解决这些问题。

第五节　慕课与大学英语翻译教学

作为新时代互联网的产物，慕课（MOOC）集大规模、开放互动、网络教学等特点于一体，已然引领学习互动的新潮。它不仅给包括大学英语翻译教学在内的传统教学带来巨大冲击，同时也给其带来无限的发展可能与活力。本节将从大学英语翻译教学现状入手，引入慕课理念，分析慕课语境下大学英语翻译教学的新思路，从而探索基于慕课思想的新型大学英语翻译教学模式。

近年来，慕课打破传统教学的束缚，获得了突飞猛进的发展，并呈现出前所未有的广阔前景，成为教学网络化的新方向。所谓"慕课"，顾名思义，是指以"大规模""开放""在线"为特征的"课程"教学。"大规模"是指课程的参与人数多；"开放"是指只要想学习英语，就都可以通过网站注册成功参与学习；"在线"是指学习的过程在网上进行。

在传统大学英语翻译教学模式中，课堂环境作为教学的大舞台，教师毫无疑问成为教学活动的核心，他们以英语翻译为主要内容，利用课本、电脑等媒介向整场表演的观众——学生展示自己的教学内容，并以考试成绩或英语翻译等级证书作为演出效果的检验。

对于教师而言，传统教学模式下，整个教学活动和教学结构都是围绕教师展开，教师作为教学的核心，其专业水平、教学方法和人格魅力很大程度上都影响着学生的学习效果。首先，应试教育背景下，教师必须完成其教学任务，在课堂有限的时间内，要将很多重要知识传授给学生，逐渐形成了"一言堂""满堂灌"的现象。在短暂的一堂课里，教师讲授成为主要方式，与学生的互动却严重缺乏。其次，在课堂教学中，教师为调动学生的课堂积极性，采取很多新形式，如情景传译、配音翻译等，但由于时间与环境的限制，学生参与度却不高，教学效果自然也大打折扣。最后，教师的英语能力与翻译水平不同，教学面对大多数人，课后互动交流匮乏，教学效果反馈不及时，很难达到针对性的因材施教。

对于学生而言，在传统大学英语翻译教学中成为被动的服从者。在长期的灌输教育模式下，学生逐渐丧失主动思考的能力，越来越习惯教师去讲授他们认为的教学难点，而忽略了自身真正的疑问，久而久之，思维遭到束缚，难以提出自己的想法与见解。此外，学生往往容易舍本逐末，认为上好英语翻译课的目的就是应付考试与考取等级证书等，而非真正提升自己的翻译技能，这就使得很多学生只是一味地去背诵考试内容，不重视学习交流，视野囿于一隅。

一、慕课语境下的大学英语翻译教学

伴随着互联网时代的到来，知识更新周期大大缩短，对翻译人才的需求与日俱增，同时也对翻译人才的培养提出了更高要求和标准，而传统大学英语翻译教学在适应新时代时的脚步中凸显出不足。于是，慕课作为互联网思想下的大规模网络开放课程应运而生。慕课给大学英语翻译教学提供了一个新思路，利用计算机与网络新技术，在教学内容基础上开设网络课堂，让学生可以根据自身兴趣与需求，理智选择课程，随时随地都可以参与学习。这不仅冲破了传统大学翻译教学模式的时空束缚，更对师生职能给予新的界定。

（一）慕课增加了互动机会

慕课将短暂的课堂学习扩展到课外，使学生对每一堂课的学习不再局限于短短的课堂一个半小时，教师讲课的时间节约，而让师生互动时间剧增，给互动交流提供了更多的可能[5]。教师能更深入地了解学生哪方面知识更欠缺，掌握程度如何；学生也更清晰地认识到自己在知识上的不足，以及对什么感兴趣，擅长什么。计算机也会根据学生的选择在长期的学习中为每个人智能推荐学习课程，实现翻译学习的私人定制，对学生短板进行强化训练，为学生感兴趣的课程或话题推送更多内容。

（二）慕课开阔了视野

大学英语翻译的学习不仅仅是对英语的简单汉语再现，更需要学生对英语语言本身的文化背景有所研究。单一的课堂教学、单一的教师讲授受限于教师本身的专业水平、学校的研究深度，并不能让学生获得相应的优质教育。而慕课通过网络开放、资源共享，将全国乃至全球优秀的英语翻译教学资源汇聚一堂，让学生只需要在自己电脑面前就可以随时随地接受来自全世界的优秀资源。学生对世界的认识、对翻译的掌握不再局限于教师个人的学识素养，而是可以和更多的朋友揭开翻译世界的神秘面纱，在方寸之地就可以领略全世界不同的文化魅力。

（三）慕课增添了翻译活力

在我国传统大学英语教学中，常常把"听""说"放在首要位置，而"译"却长期处于被忽视的地位。英语翻译以其复杂多变等特点让学生为之头疼，传统的翻译教学只是将翻译技巧分享，对翻译资料进行简单翻译；而慕课却给了翻译教学丰富的课堂内容，也凭借着网络新技术吸引着学生的眼球。这种学习的乐趣来源于学生开放互动的交流与对新兴事物的探索与追求。学生在与全球志同道合的朋友一起参与融入翻译学习的过程中，体会到翻译的快乐。

5　梁雪松.外贸产品样本的典型误译与评析 [J].中国科技翻译，2009（1）：30-31.

二、慕课翻译教学新模式的探索

人类社会发展中的每一次变革，都将面临传统与现代的冲撞，并又在相互的融合中寻找新的途径，寻求新的发展。慕课的出现与传统大学英语翻译教学模式的碰撞，给了我们新的教学方法与学习模式。如何有效地将二者结合，做到合理扬弃，让其更好地为英语翻译教学服务成为亟待解决的问题。

（一）政府支持百校联盟，搭建慕课教学平台

每一次变革都离不开方针政策的指导，同样，新型教学模式要想大规模施行，就必须得到国家政府相关部门的支持。国家在培养翻译人才的同时，与时俱进，鼓励支持慕课思维进驻传统教学。为扩大教学资源，实现优质资源最大化共享，我国高校应实现高校联盟，让学生接受来自不同高等院校的英语翻译教学资源，突破传统教学带来的时空限制。博采众长，统一搭建合理有效的大学英语翻译教学慕课平台，要求实现以下功能：选拔优秀教师将英语翻译内容录制成教学视频，并不断更新，保证与时俱进，供学生在课下进行学习；选拔专业人才负责整个慕课网的维护与实现，保证该教学平台的稳定性。

（二）教师转变工作职能，辅助线上线下活动

慕课以其大规模、开放互动、网络教学等特点，将教师从一言堂的教育职能中解放出来，让教师角色从知识的讲授者演变为学习资源的建构者。教师需要做的不再是备课、讲课，而是在慕课基础上，辅助线上活动，制订相应的教学计划、课程内容和翻译语法核心知识点分析，并给学生分配相应课程的学习任务，制定相应标准来考核学生对课程的掌握程度。为提高学生学习兴趣，教师可以在网络平台上设计国内外在线翻译、翻译车轮赛等有趣的环节，也可以录制对学习有帮助，并体现浓厚文化底蕴的短视频等。而在网络教学的答疑解惑方面，教师可以在课堂或课后对学生提出的疑问以及难点展开进一步的讲解，并鼓励学生互动交流自己的收获或感想等，激发学生的翻译热情。

（三）学生化被动为主动，融入多元学习活动

融入慕课新思维的教学模式改革，让学生从课堂知识被动的接收者，变为以兴趣为导向主动参与学习、提出疑问的自主学习者。学生根据自身兴趣与技能需求选择学习课程，并在课外进行学习，将课程预习的时间增长，对课程内容越了解，课堂学习效率就越高，互动交流的问题也会越深入，有利于学生有效理解所学内容。同时，慕课很注重课程的实用性与趣味性，利用简短的小视频方式传授课程知识，并针对学习内容提出课堂小问题，让学生在学习过程中配合思考，并在课后小测验中对本堂课的掌握情况进行及时检验，学习进度也随之加快。这样的方式以学生为本，激发了学生学习英语翻译的兴趣。此外，慕课还应根据学生自身情况做出课程推荐，让学生对自己的水平做到了然于胸，有利于更清晰明确地展开学习。

总之，在传统大学英语翻译教学已经远远无法满足整个社会的需求的今天，我们应该做到合理扬弃，新旧合璧，大胆将慕课思维应用到高校大学生英语教学体系中去。在面对慕课新模式给我们带来冲击的同时，也要抓住改革创新的机遇，努力与新时代需求接轨。

第六节　元认知策略与大学英语翻译教学

为了满足新时期国家对英语人才培养的需要，我们应重视大学英语翻译教学，根据大学生的特点，丰富他们的元认知知识，在翻译活动中培养运用元认知策略的能力，强化训练，发挥他们学习的主观能动性，增强翻译能力和提高学习英语的效率。

翻译教学一直以来是大学英语教学中的一个薄弱环节。当我们谈到英语教学时，总是会联系到听、说、读、写四种基本能力的培养。其实翻译是英语学习中非常重要的能力，也是英语学习中更高一级的能力。目前大部分的大学英语教材都没有全面系统地介绍翻译知识、翻译技巧，有的只不过是少量单句或段落练习。翻译教学在大学英语教学中处于非常不受重视的地位。翻译能力实际上是在听、说、读、写四种能力的基础上对于英语语言在实际运用中的一个提升，是更高层次地使用英语。

为适应我国高等教育新的发展形势，深化教学改革，提高教学质量，满足新时期国家对人才培养的需要，2007 年 1 月全面实施改革，四级考试增添了翻译这部分的新题型，与以往作为四级考试备选题型之一的英译汉不同，新题型的翻译改为汉译英，增加了一定的难度。这充分说明在大学英语教学中对学生进行翻译技能的训练是十分必要的。在这个训练过程中，我们完全可以根据大学生的年龄特点和个性特征，发挥其学习的主观能动性，丰富元认知知识，采用元认知策略进行翻译活动，从而提高他们学习英语的积极性和学习效率。

一、元认知和元认知策略

元认知（meta cognition）理论根植于认知科学，是 70 年代初美国心理学家 Flavell 率先提出的。元认知是关于认知的认知。元认知是认知主体对自身心理状态、能力、任务目标、认知策略等方面的认识，以及对自身各种认知活动的计划、监控、评价和调节。它包括元认知知识和元认知体验两部分。

元认知策略和认知策略是构成学习策略的两大要素[6]。所谓"策略"是指解决问题的方式，它在人类的认知活动中居重要地位。学习中的策略是指对学习过程最理想的调控。元

6　李健 . 认知图式理论在翻译教学中的应用 [J]. 长春工程学院学报（社会科学版）2014，15（2）：146-148.

认知策略是关于认知过程的知识，以及通过计划、监控和评价等过程进行调整的行为，因而它可以协调各种学习者策略。把元认知策略引入大学英语翻译教学实践中，可以帮助学生改进翻译方法，提高他们的翻译能力和效果。

二、大学英语翻译教学中元认知策略能力的培养

（一）了解当代大学生的年龄特点和个性特征

了解学生是元认知策略中比较重要的环节，因为学生是学习的主体，大学英语翻译教学应以学生为中心。我国大学生多数处于青年中期（18—24 岁）这一年龄阶段，他们的认知发展均已经达到比较成熟的水平。他们思想解放，头脑敏锐，有强烈的独立性、批判性、理论性、能动性与创造性。表现在英语学习上，他们具有一定的语言文化知识，能够自主学习，但是由于经验不足，缺少实践操作，没有系统的理论分析，思维方式单一，思辨能力不强，一旦在学习上出现问题，容易造成心理失衡，会自我贬低而失去学习的信心和动力。

（二）翻译前文化知识的准备

我国清末新兴启蒙思想家严复提出了翻译的三原则——信、达、雅。"信"指意义不悖原文，即译文要准确，不偏离，不遗漏，也不随意增减意思；"达"指不拘泥于原文形式，译文通顺明白；"雅"则指译文时选用的词语要得体，追求文章本身的古雅，简明优雅。由此可见，翻译是一个错综复杂的过程，并不是两种语言字词的简单转换，是交际行为和文化现象。在翻译过程中起作用的不仅仅是语言，还有超语言的方面。任何翻译都和文化息息相关，语言是文化的重要载体。由于文化背景的不同，英汉语言各具特色，比如从地理环境、生活习俗、习惯、宗教信仰、历史典故、思维方式等方面的差异，我们不难从中透视两种语言所承载的不同文化信息，同时领略和欣赏其各自不同的语言风格与浓郁的民族特色。在翻译前学生对源语和译入语的文化要做全面、透彻的认识，要了解英汉两种语言的文化的主要差异。有了一定的文化知识的积累，才能逐步达到翻译的三个境界信、达、雅。

（1）英语忌重复，为避免重复，常用代词、省略和变换的表达方式。例如，"如果让我来决定我们是要一个没有自行车的城市呢，还是要一个没有汽车的城市，我会毫不犹豫地选择后者。"可译为"Were it left to me to decide whether we should have a city without bikes or one without cars, I should not hesitate a moment to prefer the latter."中文中"一个城市"出现了两次，英文中就把第二次出现的"a city"用"one"来代替。

（2）汉语常用无主语句，而译成英语时则常用被动语态。例如："一般地说，通过增加供给或减少需求可以降低物价。"译为"Generally speaking, the price can be brought down by increasing supply or decreasing demand."

（3）英语多用连词、介词来表示词、词组、句子之间的逻辑关系，而汉语很少用，多简单地用逗号分开。这是因为英语多长句，汉语多短句。由于英语是"法治"的语言，只要结构上没有错误，许多意思往往可以放在一个长句中表达。汉语正好相反，由于是"人治"，语义通过字词直接表达。例如，"夫妻"译成"husband and wife"。又如"她砰地关上门，一声不吭地走了，他们之间那场争执就此结束"。这句汉语中只是用两个逗号把两个句子分开，而我们译成英文时要添加连词 when 连接主从句，用 and 把"她"的两个动作并列起来，译成"Their argument ended when she slammed the door and left without a word."

（4）中英文中有些对应的词汇文化内涵不同。如"龙"与"dragon"，其表面意义都是一种想象中的爬行动物，但它的文化内涵却大相径庭。英语中的"dragon"是"怪物，魔鬼、凶残"的象征。然而在中国，龙代表着吉祥、如意、神圣、高贵、权力。所以，"望子成龙"就不能直接译成"to hope that one's son will become a dragon"，应意译为"to hope that one's son will become somebody"，"亚洲四小龙"译成英文时则变成了"four Asian tigers"。

（三）翻译活动中加强对学生元认知策略的训练

教师在全面发展学生的元认知知识的前提下，还应引导学生将元认知知识运用到实际的翻译活动中去，即培养学生的元认知策略能力。一般来说，了解策略知识不等于已掌握了策略，也不等于会灵活地应用策略，即知道是什么，不等于知道为什么，也不等于知道怎么做或如何做，更不等于知道在什么时候和在什么情景下运用该策略。因此，有必要在翻译活动中加强对学生元认知策略的训练。教师使用以加工为定向的策略教学，而不是以内容为定向，教会学生在翻译时寻找存在的问题及解决这些问题的一些方法。

以汉译英为例，可以分三步来翻译句子：（1）抓住中文的句子主干；（2）选用恰当的英语词或词组；（3）注意中英文的不同特点，抓住细节，进一步完善整个句子。例如："出席晚宴的客人对那个美国人威严的语气感到有点意外。"句子的主干是"客人感到意外"即"The guests were surprised"。中文对于"客人"不会特别说明是一个或者很多的，而英语可数名词一定要有单复数的体现，这里一定要加定冠词"the"。"出席晚宴"可以选用"at the dinner party"来修饰客人；"那个美国人威严的语气"用"the commanding tone of the American"这个词组。最后，注意"对……感到意外"是"be surprised at"，"有点"可以用"slightly"。完整的英语句子就是：The guests at the dinner party were slightly surprised at the commanding tone of the American.

（四）翻译后进行比较，有效反思，提高翻译水平

反思理论是元认知中计划、评价和调节策略，故元认知也称为"反思认知"—翻译结束后要进行有效的反思。翻译的方式不尽相同，同一个句子翻译的形式也是多样化的。翻译好了，教师应该鼓励学生增强自我批判意识，把不同的译本比较一下，重新查看一遍，进一步改造句子以提高翻译的水平。

翻译的方法和技巧比较多，实践中可以比较一下哪一种更合适。比如：He sees a strange expression come over the face of the hostess. 把这句英文翻译成中文，可以按照原文的词序来翻译，也就是："他看到一个奇怪的表情掠过了女主人的脸。"这里"come over"有占据和掠过的意思。也可以先翻译英文最后的部分，即"他看到女主人脸上掠过了奇怪的表情"。第二种换序的翻译要更符合汉语说话的习惯。

又比如：To me，know the world outside is necessary too.

To me，to know the world outside is necessary too.

To me，it is necessary to know the world outside，too.

My opinion，it is necessary to know the world outside，too.

I think it is also necessary to know the world outside.

从以上的例子可以看出，学生逐字把汉语翻译成英语后渐渐创造出新的融合。

比如："革命是解放生产力，改革也是解放生产力。"可以直译成："Evolution emancipates productive forces，so does reform." 可以意译："Evolution means the emancipation of the productive forces，and so does reform." 这里的意译明显优于直译，是更地道的英语。

翻译教学是一项操作性比较强的教学工作。元认知策略在大学英语翻译教学中的使用，将会使学生们的翻译习得持续滋养他们自己的方式，即教师授人以渔，而不是授人以鱼。通过实践操作，学生尝试各种不同体裁的文章，了解不同的文化知识，运用灵活和多样的翻译方法和技巧，然后进行比较，进行反思，这样自身才能形成直观的翻译知识体系，才能真正地把自己培养成为独立的学习者。

第二章　跨文化交际的内涵与途径

第一节　跨文化交际的内涵

在全球化背景下，来自世界不同国家和不同文化的人们交往日益密切，英语由一门外语逐渐发展成了国际通用语（English as a Lingual Franca，简称 ELF）。英语作为国际通用语的使用不仅仅局限于本族语者，更多地发生在非英语母语者之间。在这种背景下，跨文化交际出现了不同于英语作为本族语或外语的交际特征，由传统的单向模式逐渐转变成为多语和多元文化相融合的复合模式。国内跨文化交际能力的研究自 20 世纪 80 年代至今，已有不少丰硕研究成果，研究内容在广度上不断扩宽，与相关学科之间的交叉研究逐渐凸显。但是，目前的研究与当今社会需要和社会背景联系得不够紧密，尚未考虑到英语作为国际通用语背景下，地方院校外语教学人才培养模式和课堂体系建设的需要。本研究在回顾跨文化交际能力的相关研究及英语作为国际通用语为背景的相关教学研究后，结合地方应用型本科院校的实际情况和人才需求，就英语作为通用语背景下如何提高学生跨文化交际能力提出相应的建议。

一、研究背景分析

（一）跨文化交际能力研究

国外学者对于跨文化交际能力的研究，至今已有半个多世纪的历程。研究内容主要围绕内涵研究和应用研究两个方面。跨文化交际能力的内涵研究包括概念、模式和构成元素。有学者认为跨文化交际能力与跨文化能力是同一概念。也有学者指出，跨文化能力与跨文化交际能力是两种不同概念，前者包含后者。跨文化交际能力是一个复杂且宽泛的概念，涉及很多层面，其中"有效性"（effectiveness）和"得体性"（appropriateness）是跨文化交际能力的核心。迄今为止，针对跨文化交际能力的实践研究，国外学者已经研发了十几种 ICC（Intercultural Communication Competence）评估量表，例如 BASIC、CLSAQ（Mason，1995）、ISS、YOGA 等。然而，由于跨文化交际能力评估中存在文化多样性、复杂性和差异性，不少量表存在主观与客观难以吻合，实证研究操作困难等问题。由此，跨文化交际能力的测评引发了越来越多国内外学者的关注。

（二）跨文化交际能力与外语教学

2007 年颁布的《大学英语课程教学要求》将跨文化交际列为英语课程主要内容之一。跨文化交际能力培养的关键是跨文化教学。国内学者如高永晨、任仕超、梁文霞、黄文红通过实证研究方法，对学生的跨文化交际能力，跨文化课程的教学内容、课程设置、教学方法、教学原则等方面进行了探索并取得了显著的成果。近几年，国内学者开始关注跨文化交际能力测评体系的框架建构。在借鉴了 Chen 的四维跨文化交际能力模式、Byram 的文化交际能力模式和 Deardorff 的金字塔式跨文化能力模式后，高永晨运用知行合一的方法论，构建了中国大学生跨文化交际能力测评体系的理论框架。该框架的提出立足于中国本土，结合中国大学生跨文化交际能力的需要，体现了中华民族的文化资源和话语体系，为跨文化交际能力测评在中国的发展打下了坚实的基础。

上述研究，无论是跨文化交际能力的调查研究还是跨文化交际能力培养的探讨，都是以英语作为一种外语，参照英语本族语的语言和文化规范为标准的。鲜有研究以把英语作为通用语为视角重新界定跨文化交际能力的变化、内涵及交际能力培养问题，而这正是本节研究的焦点所在。

二、英语作为通用语背景下的跨文化交际能力与外语教学

英语作为跨文化交际者彼此之间交流的工具，发挥着联通你我他的作用。对于跨文化交际能力的研究仅仅局限于以英语本族语的语用标准、文化交往原则为唯一的标准，已经不能满足当今社会的发展和需求。文秋芳从教师视角提出了英语作为国际语言的教学框架应对当前全世界非英语国家英语教学所面临的挑战，该框架中的文化子系统以本族语文化、非本族语文化、本土文化构成教学内容，培养学生跨文化能力。更强调文化敏感性是一种意识，"学习文化知识是手段，培养文化意识是终极目标"。

陈新仁教授提出"新形势下，多角度，多方位，多维度，多手段探究跨文化英语交流能力的新内涵，探索培养跨文化交际能力的新路子自然成了当务之急"。英语作为国际通用语背景下的跨文化交际能力培养与英语作为外语的教学培养模式和框架有所不同。"应当摒弃英语本族语的语言，语用文化规范，树立多元标准与规范教学理念，使学生拥有平等共赢的文化态度，提升移情、宽容的能力，提高流利表达本土文化的能力"。全球化不可避免地会带来不同文化的交流与碰撞。英语作为国际通用语，发挥着越来越重要的角色，逐步发展成为多元文化交流的载体。

（一）由不平等到平等的转变

英语作为通用语的背景下，交际者双方的关系不再受到英语作为母语的语言规范的限制，从不平等的交际关系（英语本族语者拥有语言裁决权）转化成一种平等的交际关系。交际的对象也从英语本族语者转变成来自世界任何一个地方的英语使用者。这就意味着，交际发生时，双方不会受到英语语言、文化规范的影响，交际者可以坚持民族文化平等的

原则，消除偏见，本着合作共赢的态度达到最终的交际目标。

（二）由理论到实践的转变

曾经的跨文化交际能力的培养目标是以了解英语国家概况和文化为主。在经济全球化的今天，英语已经不可避免地成为一种交流工具，跨文化交际的目的是在实际的交际行为中进行有效的沟通，这种沟通可以是口头展开，如进行商务谈判或者出国旅行时与当地人交流；也可以以书面形式展开，例如撰写海外媒体广告或求职申请。在完成特定任务的情况下，把意思表达清楚，把事情做好是跨文化交际者首先应该考虑的问题。

（三）由单一化向多元化的转变

从交际的内容来看，交际者对文化的了解不仅仅是美国文化、英国文化等英语作为母语的国家的文化，还应该包括非本族语文化和本土文化。文化的多样性体现在不同群体和社会身份的独特性和丰富性之中。一个具有跨文化交际能力的人应该尊重文化的多样性，了解语言对象国的历史与现状，明确中外文化的异同是进行有效跨文化交际的前提，也是避免文化禁忌和"雷区"的有效方式。

英语作为通用语背景下，跨文化交际发生的转变表明交际者双方处在平等的地位，不受英语作为母语使用时的语言规范和文化准则的约束，以有效沟通为目的，保持平等、宽容、共赢的文化态度，实现有效的跨文化交际。

（四）对英语教学的启示

英语作为通用语背景下，跨文化交际能力的内涵转变对于培养学生跨文化交际能力的启示主要包括教学目标、教学内容和教学实践三个方面。

1. 教学目标

教学目标由培养学生的英语语言能力转向培养学生的跨文化交际能力，使其具备对异域文化的理解能力和对本土文化的表达能力。对异域文化的了解能够克服文化差异带来的交流障碍，避免文化冲突。同时，用英语得体地表达本土文化能够增加不同文化群体之间的相互了解，从而进行真正意义上的跨文化交际。这两个方面在跨文化交际中是相辅相成的。

2. 教学内容

在新的形势下，单一的语言教学资料已经无法满足教学的需要。除了传统的英美文化概论一类的教材，我们还应选用覆盖多元文化的教学资料，使学生拥有全球化的视角；择用含有多元"口音"的录音资料（新加坡、印度尼西亚等），提高对英语听力的理解度；采用介绍本土文化（历史、人文、地理等）的书籍，帮助学生准确表达本土文化，在进行跨文化交际时，增强自信心；通过比较中外文化之间的差异，增强学生异域文化的敏感性和宽容度，同时培养学生文化比较和文化反思的能力。

3. 教学实践

在学习多元文化和本土文化的同时，提倡体验式教学，设计不同的教学情境，如模拟联合国会议、商务演讲、谈判决策。在浸淫式教学中，让学生对跨文化交际产生较为直观的印象，激发他们对多元文化的兴趣。鼓励学生参加社会实践活动，在文博会、世博会此类大型文化交流会议中担任志愿者，帮助来自不同语言文化背景的人士进行有效的沟通，让学生参与到真正的跨文化交际过程当中，享受文化互通带来的乐趣。

在全球化浪潮中，英语作为世界通用语，起着连接你我他的作用。跨文化交际出现了不同于英语作为本族语或外语的交际特征，由传统的单向模式逐渐转变成为多语和多元文化相融合的复合模式。交际目标由理论层面上升到实践行动，以解决交际中的实际问题为目的，交际者坚持平等、合作、宽容、共赢的文化态度，实现有效的跨文化交际。由此，笔者从教学目标、教学内容和教学实践三个角度出发，对跨文化交际教学提出建议，旨在培养学生对文化的敏感度和宽容度，提升学生的跨文化交际能力。

第二节　跨文化言语交际

言语行为指人们为实现交际目的而在具体的语境中使用语言的行为，是语用学研究中的重要领域，也是语言学家和哲学家共同关注的一个重要课题。它包括语言和行为两个部分。哲学家从行为研究到语言，重点是行为。语言学家从语言到行为，重点在语言。人们的言语交际是通过实施言语行为而完成的。只有正确领会言语行为所体现的说话人的意图即言外之理，受话者才能做出恰当的回应，从而顺利完成交际活动。而准确理解言语行为，尤其是在跨文化交际的语境下的言语交际行为，则需要言语行为理论做指导。本节将尝试从语言哲学视角对跨文化交际领域中的言语行为进行分析，并剖析和探索西方语言哲学研究成果（特别是言语行为理论）对跨文化交际活动的指导作用。

在国际经济一体化形势的驱动下，世界范围内的跨文化交际活动日愈频繁。跨文化交际活动大致可以分成言语交际和非言语交际两种形式。非言语交际主要是指通过除了语言之外的形式进行的信息交流。与借助于图形、旗语、手势等手段进行的非言语交际相比，言语交际在整个跨文化交际环境中占据了主导地位。

言语交际主要依靠语言作为信息传递媒介，因此言语成为整个活动中的核心。言语行为理论认为许多话语并不传递信息，而是相当于"行为"。因此，对跨文化言语交际的研究可以转换成对交际双方言语行为的研究。这就要求我们关注言语活动参与者的意向，并结合相关语境等语用因素对言语交际进行理解。这对于促进跨文化交流具有积极的意义，有助于正确理解言语行为的文化含义，从而促进跨文化交际的发展。

言语行为是语用学研究的重要课题，而言语行为论也是语用学研究中的重要领域，它为语言研究提供了重要的哲学理论基础。在使用语言进行交际的时候，如何正确把握说话者言语行为的深层含义对确保交际活动的成功具有重要意义。特别是在跨文化交际中，更需要我们准确地体会和分析言语行为。在言语交际中，我们应当深入地了解言语行为，运用其理论指导我们的交际实践。深入研究语言交际行为对促进国际经济文化交流和发展具有重要的现实意义。

因此，本节将尝试从语言哲学视角对跨文化交际领域中的言语行为进行分析，并剖析和探索西方语言哲学研究成果（特别是言语行为理论）对跨文化交际活动的指导作用。

一、言语行为理论综述

全面正确地理解言语行为理论，了解理论框架的创建和发展过程，准确把握言语行为理论的哲学内涵是将其运用于指导跨文化言语交际的前提和基础。首先，我们需要了解言语行为论的哲学基础和发展历程，其次是理解其系统的理论构架。

言语行为理论的形成是在哲学家对语言行为关注的过程中逐渐发展起来的，有着深刻的哲学渊源，哲学家和语言学家对间接言语行为的关注和认识也是在此过程中日趋成熟的。言语行为理论的创立为研究言语的使用行为奠定了坚实的理论基础，因此要准确把握跨文化语境下的言语交际行为，必须充分了解其哲学渊源——言语行为理论。

（一）言语行为理论的创立

言语行为理论开辟了语用学研究的新视角，是语言学家和哲学家共同关注的一个重要课题。一些人类学家、哲学家对语言领域的哲学现象产生了兴趣，将哲学研究成果运用到语言研究领域中，促成了言语行为理论的创立和发展。

1923 年英国人类学家马林诺夫斯基（M.Malinowsk）在其《原始言语中的意义问题》中，首次提出了"言语行为"（verbal behavior）这一术语，并从人类学的角度，通过对一个民族的文化生活和风俗习惯的考察，研究了语言的功能，认为与其把语言说成"思想的信号"，不如说它是"行为的方式"。

17 世纪英国哲学家洛克（John Lock）在其著作《人类理解论》中，提出了符号行为说，英国传统哲学以此为基础，对具体的言语交流进行理性的分析，形成了独立的言语行为理论。从而使众多的学者关注交际过程中语言意义的表达和理解，把语言放到具体语境中去进行意义研究，实现了语用思维的发展与哲学的演进历史之间的有机结合。

英国哲学家、数理逻辑学家维特根斯坦（Ludwig Wittgenstein）在其著作《哲学研究》中谈到了言语行为理论的内容，其后期的"语言游戏说"代表了其哲学思想。何为语言游戏？"我也将由语言和行动（指与语言交织在一起的那些行动）所组成的整体叫作语言游戏。"维特根斯坦认为，语言游戏和日常生活有密切的关系。也就是说，语言游戏是从日常生活中来的。在这里，使用语言游戏一词的用意在于突出下列这个事实，即语言的述说乃是一种活动，或是一种生活形式的一个部分。维特根斯坦认为日常生活是理解言语行为的基础。从日常生活的角度出发来理解语言，是后期维特根斯坦语言哲学的一个重要特点。他的观点启发了英美语言哲学家奥斯汀。奥斯汀在此基础上发展了创新的"言语行为理论"，被称为自人类使用语言 2 500 年以来最重大的发现，即人们是通过"说话"来"做事"的。

早在 20 世纪 30 ~ 40 年代，日常语言分析哲学在英国兴起，最早明确提出言语行为理论的是英国哲学家奥斯汀（J.L.Austin）。1957 年他到哈佛大学去做讲座，以《如何以言行事》（*How to Do Things with Words*）为书名，发表了其讲座内容。该书探讨了语言的使用问题，指出语言研究的对象不应该是词和句子，而应当是通过它们所完成的行为，提出了分析日常语言哲学的方法，其分析对象是"整个言语环境中的整个言语行为"。这样就把语言研究从以句子本身的结构为重点转向句子表达的意义、意图和社会功能方面，从而突出了用语言做事或言语的社会功能。而且主张并解释了"说话本身就是一种行为"的观点，建立了言语行为理论，该理论认为人们在"以言行事"，说出某句话就是做出某件事。他后来提出了"言语行为三分说"，即人们在说任何一句话时同时要完成三种行为：言内行为（the locutionary act）、言外行为（the illocutionary act）和言后行为（the perlocutionary act）。言内行为表达了说话人要表达的语句的字面意思。言外行为则体现了说话人的意图即言外之力，可能为断定、疑问、命令、请求、致歉、感谢、祝贺等。言后行为则表示在说话人的行为意图被受话人所领会后对其所产生的影响或效果。但该理论本身存在一个问题，即在什么条件下允许谁对谁说些什么的问题。

（二）言语行为论的发展

继奥斯汀提出分析日常语言哲学的方法，创立语言行为理论以后，其语言具有形式功能这一哲学经其门生美国哲学家塞尔在 20 世纪 60 年代后期批判继承和发展之后，合理地解释了命题内容和言外行为的关系，使该理论更加具体化和规范化，弥补了奥斯汀理论上的缺陷，成为现代语用学的核心内容之一。塞尔肯定了语言的社会性，认为语言是一种社会现象，社会事实的部分无限的言语行为可以确定为有限的范畴，但确定言语行为种类的前提是首先区分话语的命题内容和言外之力（交际意图）。提出分析言外行为必须把握特定的意向和惯例，意义既有交际意图方面，也有规约性方面。1965 年塞尔解释了"什么是言语行为"，并在 1969 年的《言语行为：语言哲学论》一书中进行了全面阐释，标志着塞尔经典言语行为理论的形成。

同奥斯汀一样，塞尔也认为说出某种语言就是在实施言语行为，如做出陈述、发出命令、提出问题、做出承诺等。说话即在行事，意义等于某种行为，所以他声称语言研究是行为理论的一部分。塞尔指出："研究言语行为合适的方法是研究语言。"他的言语行为理论基于一条表述原则，即"意义皆可用言表"。根据这一原则，说话人想要表达的任何意义都可找到一个相应的语言表达式来表达。他把言语行为的分析同语言、意义、交际问题的研究相结合，将言语行为融于语言理论中，把言语行为界定为语言交际的最小单位，这就等于把言语行为摆在了研究语言、意义和交际的中心地位。他合理地解释了命题内容和施事行为的关系，弥补了奥斯汀理论上的缺陷。

塞尔对言语行为理论的另一个重大贡献是提出了"间接言语行为理论"。一个人直接通过话语形式的字面意义来实现其交际意图，这是直接的言语行为；当我们通过话语形式取得了话语本身之外的效果时，这就称作间接言语行为（indirect speech act）。简单地讲，间接言语行为就是通过做某一言外行为来做另一言外行为，也可以说成是："通过施行了一个言外行为间接地施行了另一个言外行为。"间接言语行为理论要解决的问题是：说话人如何通过"字面用意"来表达间接的"言外之力"，即语用用意，或者听话人如何从说话人的"字面用意"中推断出其间接的"言外之力"，即语用用意。

二、言语行为理论对跨文化言语交际的指导作用

语言交际是通过实施言语行为而完成的，只有正确领会言语行为所蕴含的深层含义，才能做出恰当的回应，从而顺利完成交际活动。而准确理解言语行为则需要言语行为理论作为有力的理论支撑。从这个角度上来说，言语行为论为跨文化言语交际奠定了坚实的哲学基础。将言语行为理论运用于跨文化言语交际，在多个领域和层面都具有重要的现实意义。

（一）有利于促进受话者对语言交际中说话者言外之力的理解和把握，从而准确捕捉对方交际意图，完成交际任务

英国社会人类学家 Malinowski 曾指出，语言行为和人们其他社会行为一样受制于文化。不同的文化背景下的交际行为，在语言使用规则方面，也存在着差异。我们在进行跨文化交际时，要在言语行为理论的指导下，结合对方文化背景下的语言规约来理解和把握对方言语的意图，即言外之力。如果说话人的意图能适当地被听话人所领会，便可能带来结果或变化，这便是言后行为。但是，说话人的意图未必一定被听话人领会，因而说话人希望出现的结果并未发生，这时候就会导致交际的失败。

这就意味着在跨文化交际活动中，说话者所说出的话的具体含义应当结合当时的社会文化环境和具体的社交场合进行理解。例如，假设对方说，"我们很高兴与贵方合作"。这句话究竟是表明对方的合作诚意，还是合作邀约，或是对之后提出的问题做铺垫，这些都取决于对言语意义的把握，对方在说出这句话的同时完成的言语行为究竟有什么深层的暗示，都应当结合言语行为论分析具体的语用特征之后确定。

（二）可以指导说话者选择恰当的符合语用规约的言语形式达到交际目的

交际双方通过了解言语行为论，可以更好地理解自己的言语行为将给对方带来什么样的影响和效果，从而积极思考用什么样的言语行为才能达到什么样的效果，通过改进交际中的言语表达方式，提高跨文化交际的效率。

例如：在问候语的使用习惯方面，中国人由于高度重视社会关系，在互相问候的时候往往表现出对他人的关心。所以，中国人在路上相遇时，会很客套地问一句："你去哪儿啊？""最近忙什么呢？"话语本身没有过多的深层含义，只起到寒暄的作用。但是如果把这样的语句直译为英语问候英美国家的人，那么该言外行为就不能被对方正确领会，原有的言外之力——"问候"就会失去。因为以英语为母语的人不大会采用这种问候方式，

这时,问候甚至会产生误解:"我去哪里,跟你有什么关系?""去哪儿啊?"在中国人眼里,是一句礼节性问候语,可是不了解中国文化的外国人说不定会把它看成打探其隐私的无礼行为。在这种情况下,原来所预期的言后行为自然不会发生,而交际就会陷入僵局。

言语行为是按照一定的规约来实施的,施事行为是一种规约性行为,"说出某种语言就是在产生一种(高度复杂)受规则制约的行为方式"。言语行为的意义就是句子意义的功能,要了解语句的意义,就要了解语句使用的规则,包括规定规则(regulative rules)和构成规则(constitutive rules)。其中,规定规则制约着我们约定俗成的或独立存在的行为方式或活动。在上述的例子中,我们在跨文化交际中的言语行为就应当遵守特定的社交礼仪规则,这些规则制约着独立于规则而存在的相应人际关系。基于对言语行为论的理解,我们可以认识到:我们所进行的交际行为涉及的双方具有不同的文化背景,在这样的大前提下,我们所需要遵守的规定规则(譬如,社交礼仪)是不同的,因此我们的言语行为不仅要符合我们自己熟悉的语用规则,还需要符合对方所约定俗成的语用规则。这样一来,如果我们的言语行为仍然只坚持单方的语用习惯,继续用"去哪儿啊?""最近忙什么呢?"之类的话语作寒暄语,就有可能会使对方无法理解语句的言外之力和交际意图。反之,如果运用言语行为论的观点来认真考虑语用规则问题,就更容易选择符合双方文化特征和两种语言的使用习惯的表达方式,就更能够达到交际的预期效果和目的。

(三)为正确分析跨文化交际中的失误、改进交际效果提供理论支撑

一些交际障碍的产生除了语言表达能力的问题之外,往往还伴随着语用失误。这需要我们对言语的言后行为进行分析和研究。塞尔通过分析,认为言后行为涉及交际意图和规约性等方面内容,是"实施行为对听话人的行动、思想、信念等所产生的影响或效果"。格赖斯也认为说话人通过某种话语会对听话人产生某种影响。

汉语言文化推崇委婉的螺旋形思维方式,而西方则偏向于直线型思维方式。这往往会造成跨文化交际中的系列问题。假设中西方商务代表进行首次接触,按照中式文化习惯,中方代表往往喜欢先从与对方建立良好的双方人际关系入手,为可能的合作做大量的铺垫。这样,可能会出现前几天的日程安排比较轻松,主要是介绍中方的公司、产品,并不急于涉及合作的具体细节。而西方代表则比较习惯单刀直入地尽快切入主题的交际方式,希望能够在议程安排上直接进入实质性的谈判内容。由于存在这样的潜在的思维方式差异,在交际中如果不能对双方的言语行为进行深入分析,敏锐地捕捉到这样的言语暗示信息的话,就可能使西方代表误认为中方没有合作的诚意或者是办事缺乏效率而失去了进一步合作的兴趣。反之,如果我们能够在语言交际中,细心地观察对方对我们的言语行为所做出的反应,并认真揣摩对方的言语行为的言外之力,预见我们的以言语行事行为会对听话人产生什么样的影响,就可能有效地避免类似的交际失误。

(四)为创建跨文化交际理论提供哲学基础

跨文化交际学是一门新兴的交叉学科,其理论框架的建构需要融合多个学科系统理论

研究的成果，其中文化学和语言学可以说是整个学科的核心内容。文化与语言息息相关，而哲学研究成果往往都被运用到语言研究中并取得了很多的成果，因此跨文化交际学的发展也离不开哲学的有力支撑。

言语行为论是语言哲学理论的重要组成部分，必然对促进语言的具体使用，为关注主体的跨文化交际学奠定理论基础，并提供了新的研究工具，提供了更广阔的研究视角。例如：间接言语行为等理论观点的提出都将极大地丰富跨文化交际学的研究领域。

言语行为始终贯穿于跨文化言语交际的全过程，行为本身不仅具有本体意义，通过言语表述说话人想要表达的语句意义，而且还具有人际意义，在人际交往中起着十分重要的作用，能够在交际双方之间建立起特定的人际关系。

言语行为论和跨文化言语交际紧密相关，相辅相成。跨文化交际双方所使用的语言和非语言背景知识、会话原则及双方的推理能力影响着双方的言语行为的表现形式。而言语行为论的基本观点可以指导交际双方准确理解相应语境下的语言表达形式、说话人的意图和听话者的反应等，可以正确分析对方的言内行为、言外行为及言后行为，适当调整自己的言语表达形式，从而顺利达到交际目的。

跨文化言语交际活动是在特定语境下由个体、社会以及文化等因素迥异的交际双方完成的，言语行为论为准确分析和研究交际双方的言语行为提供了有力的理论支撑，也必然成为促进跨文化交际学发展的哲学基础。正确认识言语行为论对跨文化言语交际的指导作用，具有积极的现实意义。

第三节　跨文化非言语交际

现阶段，全球经济一体化已经迈入新的进程，而世界各国间跨国、跨地区、跨民族的联系已经越来越密切，跨文化交际基于此也越来越流行。跨文化交际是融合着文化背景和语言背景差异的交际，伴随着我国近些年对外交流的频繁，跨文化交际也开始进入课堂，本节将从跨文化交际层面出发，探讨跨文化交际中的非言语交际在英语教学中的现状。

语言交际和非言语交际是人类沟通的两种主要手段，在人类社会中，两者互相结合才能进行更有效的沟通。非言语交际本身即是一种非常重要的交际手段，可以通过其表达人与人之间的态度，交流思想，并通过感情的交换继而达到交际的目的。国外关于非言语交际研究较早，且已取得较显著效果，研究学者定义其为不用言辞的交际。非言语交际在我国的研究从 20 世纪 80 年代才开始，与国外研究学者不同，中国的研究专家学者们有着独特的范畴、特征界定，但国内外关于非言语交际的看法还是有相同之处的，而应用在课堂上，西方研究学者们更注重课堂上的师生关系，引入到如今的英语课堂上，将西方研究学者的观点借鉴修改，进一步改善师生关系，提升学生的认知能力和学习效率。

一、非言语交际

（一）非言语交际的定义

非言语交际最早兴起于 20 世纪 50 年代，美国人类学家伯德威斯特于 1952 年出版《身势语入门》就为此学科奠定基础，而近些年，国外研究非言语交际的热潮又一次风靡，引起更多专家对其进行更深层次研究，目前，关于非言语交际的定义，国内外各有不同看法，西方学者更认同 Malandroetal 的言论，即"非言语交际是不用言辞的交际"。国内方面，毕继万曾在其著作《跨文化非语言交际》中提出，将非言语定义为"不用言辞表达的，为社会所共知的人的属性和行为，这些属性和行为由发出者有目的地发出或被看成是有目的地发出，由接受者有意识地接受并有可能进行反馈"。更多的人认为，非言语交际具有重复、否定、补充、替代、强调和调节功能。课堂上的非言语交际，大多数研究学者认为，这会通过教师的表情、举止等非语言手段进行，如教师音量高低、节奏、语调、手势、姿势、表情等，都能传递给在座的学生某种信息，继而达到在课堂上交际的作用。

（二）非言语交际的意义

日常生活中，人们大多都是使用语言交际，而忽略非言语交际的作用，而实际上，在人们面对面的交流中，只有 35% 的内容是通过语言交际完成的，其余 65% 其实都是通过非言语交际实现的，比如手势、眼神、表情等，这也表明，非言语交际在人们的社会生活中承担着非常重要的作用，直接决定着交流双方能否直接明白对方的真实意图，引用一句俗语表示，即"此时无声胜有声"。经济全球化使得跨文化交流越发频繁，但在跨文化交流中，人们常常会更注重语言的准确性，而下意识忽略非言语交际中行为的文化差异和影响，继而引起更多的文化冲突。

英语课堂是传授知识和技能的信息交流场所，教师使用正确合理的方式将非言语行为应用到英语课堂教学中，一方面能够引起学生们学习英语的兴趣，更加主动积极地去探索英语，另一方面教师也能够通过英语课堂提高教学效率，让学生们在习得丰富的英语语言知识的同时，也能够提高跨文化交际的能力。因此，教师在教学过程中，不仅要重视语言交际教学，也要注重导入非语言交际知识，帮助学生们更全面深入地理解跨文化交际中的非言语交际。

二、英语教学中的跨文化非言语交际

非言语交际包括多种类别，比如体态语、副语言、环境语、客体语等，这些在各个国家都是不同的，与个人行为及国家文化差异都有很大关系，在英语课堂上也是如此。在英语教学中，跨文化非言语交际使用较多，相比于传统的外语教学只注重语言本身，过于强调语法和词汇本身，而忽视文化传播的学习过程，跨文化非言语交际的英语课堂更注重语言文化和思想文化的双重交汇，主要体现在以下几方面。

（一）教师要帮助学生正确理解非言语行为的含义和文化特征

由于历史文化等种种不同，东西方文化存在较大差异，主要表现为，东方文化更含蓄内敛，西方文化更为开放外露。但在两千多年前，我国伟大教育家孔子就提出要注重非言语行为，日常与人交流时，要注意"察言观色"，目光和眼神都是传递非言语的重要途径，俗话说："眼睛是心灵之窗"，通过眼睛，能够看出一个人心中所想，课堂上也是如此，教师要教会学生理解东西方文化差异，西方国家会将直视对方眼睛交流视为礼貌行为，表达尊重，而东方文化中，为表示尊重和礼貌，会避免直视对方眼睛，同样的行为，不同的含义，教师一定要在实际英语教学中告知学生。

（二）利用先进的多媒体教学手段改善教学环境

传统的英语课堂大多是使用课本传递知识，部分会使用到磁盘、磁带等，但随着现代科技的发展，多媒体在课堂教学中使用得更加频繁，音频、图像、动画等先进多媒体产物已经广泛应用于英语教学课堂，学生们可以通过多媒体技术，通过网络更直观地体会英语母系国家或人员的纯正英语，也能通过视频或图片等更直观地欣赏生动的姿态和表情，便于学生们深入地学习英语。

（三）通过非言语交际教学提高学生综合素养

非言语行为是存在着信息的交换传递意义的，对于信息传递双方都有一定影响。因此，实际教学中，教师要充分调动学生们的学习积极性，发挥其主观能动性，引导学生们树立正确的行为观念和价值观念，帮助学生们培养并提高自身的综合素养。同时，教师们也应该鼓励学生要在课余时间多参加些跨文化交际活动，在课堂外也要感受英语学习氛围，在实践中感受不同地区的文化，在与不同地区人们交流时，提高自身应变能力和语言转换能力，利用自身学习知识，解决交流中遇到的问题，以此提高自身跨文化交流能力。

非言语交际本身蕴含着非常丰富的意义，外在表现形式也多种多样，应用于英语教学中，一方面于言语交际有机结合，能够加深学生们的英语理解程度，并对英语学习产生更大的学习兴趣，提高教学效率；另一方面，英语教师要遵循西方英语文化教授英语非言语交际行为，帮助学生们更深入地理解文化差异，在学习中分析非言语交际的信息，在学习中提高自己的英语交际能力，以达到英语跨文化非言语交际教学的目的。

第四节　跨文化交际研究

对外汉语越来越适应当今社会的主流发展，在这种发展背景下，跨文化交流的风潮也随之而来。跨文化交流是培养自己的语言能力，是对情感、思考和行动之间的一种锻炼，只有积极锻炼自己，才会达到更好的交流效果。不同国家进行跨文化交流的过程中，都会出现因为文化理解差异造成的交流困难等现象，但是在交流的过程中，文化与文化之间也会彼此影响甚至相互融合。

当今社会是国际一体化的发展模式，每个国家的人都可以跨越种族，打破时间地点的限制来进行交流。可是不同国家、不同民族有着不同的文化，更有着不同的历史，在这种发展模式下，许多问题也慢慢表现出来，因为对民族风俗和时代文化理解的不同，许多人在交流中存在着心理上的隔阂，最终产生矛盾。为了解决这一潜在问题，对外汉语中的跨文化沟通便应运而生。

一、跨文化交际中的文化差异

跨文化交际中最重要的就是口语交流，其次还有行为动作、其他语言以及客体交流等，它主要是指文化教育和学习环境不同的人在一起进行交流。可是因为不同地区的文化不同，所以每个人都有自己的思维模式、交流方式和理解方式，正是因为这些习惯的不同，因此在跨文化交流中就很容易产生障碍。以上原因，促使跨文化交流有以下两个特点。

一是因为汉语是中国传统的语言，所以，在中国传统文化的影响下，母语就很自然先入为主，在许多国人的思想中就很自然形成了思维定式。例如，在汉语中，"红色"是形容颜色的词语，但是在跨文化交流的过程中，它的深层含义和语言理解就成为一个障碍。中华民族五千年的历史，从原始社会时期的伐木取暖到奴隶社会的火政管理，这些都是一代又一代的人对红色的理解。在我国，为了表达友人之间的重视，总是会请对方到餐厅一聚，而且主人总是会比客人早早来到相约的地方进行准备；相反，对于西方国家特别是欧洲人来说，客人提前到达才能显示出对主人的尊重，令国人无法理解的是西方人吃饭也是要平摊费用。如果将欧洲人的文化放置在中国，当你的欧洲朋友给你打电话相约出去吃饭时，如果你没有按照对方的时间出现，那么他就会认为你不尊重他。另一种情况，如果作为中国人的你约欧洲朋友出去吃饭，在对方说要 AA 制的时候，我们就会觉得对方没有尊重自己，更会觉得对方很小气。之所以产生这样的误解，是因为两人在刚刚成为朋友时并没有了解对方国家的文化，因此，我们在跨文化交际时要积极了解学习其他文化。

二是"以我为主"。在跨国交往中，许多国家的人都会以自己的民族为中心，这样很容易对外来文化产生排异思想，甚至会根据该国的经济、政治、文化来盲目定义。如现在的中国在国际上的地位日益重要，随之也有很多国际友人关注我国的传统文化，但是其中也有人对中国的认知仅停留在小农经济和封建社会时期。中国的儒家思想提倡虚心接受，谦逊有礼。可是很多外国人会觉得我们这是在贬低自己，甚至是对自己的不尊重。其实儒家思想是深入国人内心的，比方说在别人夸你家孩子懂事理、学习好时，大多数的中国家长都会很不好意思，然后谦虚地说："哪里哪里，他才不懂事呢，成绩也没你家孩子好。"在外国人看来，这样的态度就是没有做到实事求是，甚至是虚伪，他们将中国传统美德看成是迂腐落后的表现。出现这些问题的原因，最主要的就是文化差异和民族主义，这样的态度是跨文化交际中最大的阻碍，是不利于国际文化的融合与交流的。

二、跨文化交际中的相互影响

随着中国在世界上的地位越来越重要，我国的一些语言也发生了很大的改变。在很久之前留下来的说话方式随着西方文化的传入加入了许多新兴的词汇。例如，我们会用"先生""女士"代替以前的"同志"称呼，"咖啡""可乐"等都是"coffee""Cola"等英文的音译。同样，西方的英文单词中也有很多是汉语的音译，比如"Kungfou"（功夫）、"Tofu"（豆腐）。正是因为在跨文化交际的过程中，即使是不同国家的文化之间也是存在共性的，所以它们才会很容易融合。这些变化都是国际语言的魅力，也是它们相互影响的表现。

三、培养跨文化交际的"情感—认知—行为"模式

在跨文化交往中，我们要想使不同国家的文化融合在一起，那么我们每个人都要积极提高自身能力，从而减少文化交流的障碍，跨文化交际不仅是以语言为媒介，更是以我们自身为介质。跨文化交际中有三个因素：情感、认知以及行为。第一，在跨文化交际中，因为不同国家有不同的文化，所以我们应该尊重其他国家的文化。在本身的发展过程中排除种族观念，放弃"以我为主"的思想，更要理解和包容他国文化，培养自己良好的心态。第二，在跨文化交际中，交际者应了解不同国家的语言文化，提高交际能力，准确掌握文化知识。除此之外，在交流过程中，交际者更要从不同的视角了解除语言文化之外的知识，即非语言交际，并要理解它与语言文化的不同，这样才能更好地揭示语言文化的差异。第三，我们要敢于实践，将我们所学的关于跨文化交际的知识放在实践当中，敢于反思自己的过错，勇敢面对交际中的困难，这样才能适应新的跨文化交际。

对外汉语是当今社会发展的主流，跨文化交际也逐渐适应了这一时代发展潮流。在跨文化交际的"情感—认知—行为"模式下，交际者不仅要提高自身能力，更要了解交际特点，只有这样才能更快地推动中西方文化的进步，消除中外文化差异，使对外汉语在国际中更优秀。

第三章　跨文化交际教学策略

第一节　语言教学的跨文化维度

在文化全球化的当今，多维度跨文化交际能力已是当前人们交流沟通应具备的能力之一，多维度跨文化能力的高低已经成为目前衡量人才综合能力的因素之一。而英语作为第二语言，在生活活动中具有重要意义，因此，提高英语跨文化交际能力已逐渐成为英语教学的重要目标。教师在英语教学中引导学生形成跨文化理念，帮助学生掌握英语文化知识，提高学生的英语综合素质，促进学生的全面发展。

一、多维度跨文化交际能力的内涵

跨文化交际在 20 世纪由美国学者提出，这一理论提出后被语言学家、心理学家等从不同的角度进行研究，从而形成现今的跨文化交际理论。跨文化交际能力的构成复杂，其主要强调使用者自身的能力，在交际过程中，可以运用自身的文化、认知、情感等，进而达到跨文化交际的目的。因此，跨文化交际具有多维度的特点。而多维度的文化特点，让跨文化在交际过程中，不只是语言之间的交流，更是文化之间的交流与碰撞。而且在交流过程中，由于主体之间的差异性，其个人的价值观念也会形成交流，而这些文化方面的交流会给交流者之间带来不良影响。而多维度跨文化交际能力的形成可以帮助交流者正视语文化交流过程中形成的文化冲击，正视不同民族、不同国家文化之间的差异。

二、大学英语教学中影响多维度跨文化能力提升的因素

（一）重视理论教学，教学模式单一

大学英语是大学教学的重点，在大学英语教学中，其培养学生的方向也逐渐发生改变，更加注重提升学生的英语能力，帮助学生养成英语综合素养。但在实际大学英语教学中，教师仍过于重视对学生英语理论的教学。英语等级是学生学习英语的主要教学目标，因此，教师在开展英语教学活动的过程中，仍采用传统的英语教学模式，培养学生掌握英语知识。英语等级评价的形成，不仅影响教师的教学观念，学生在学习英语知识的过程中，也会产

生注重英语成绩的思想观念，而忽视通过英语学习，增强自身的应用交际能力。使大学英语的开展失去了教学意义。同时，教师对英语教学没有形成正确的认知，忽视多维度跨文化交际能力在英语教学中的重要性，没有把其与英语教学相结合，不利于学生跨文化交际能力的提升，学生在学习过程中，也没有发挥自身的主观能动性，仅是被动地学习英语，英语学习态度不积极，不利于学生跨文化能力的提升。

（二）英语结构不完整，缺乏英语兴趣

在英语教学中，帮助学生形成系统化的知识理论体系是教师教学的重点。但在大学英语教学中，教师在指导学生学习英语时，以英语等级考试内容作为英语教学内容，致使其无法形成完整的英语知识体系。由于英语教学内容的分散性，教师无法把培养学生多维度跨文化交际能力融入英语教学中。知识的分散性，让学生不能通过学习英语了解相关的英语文化背景与思想，以至于学生的英语文化视野过于片面，影响交际能力的提升。兴趣是指导学生学习最好的教师，但由于学生对英语学习存在一定认知偏差，注重提升自身的专业能力，不注重对英语知识的学习。教师在制定课程内容的过程中，不重视引导学生的学习兴趣。其教学内容过于刻板化，学生难以发挥自身的学习自主性。

（三）资源利用不合理，忽视交际能力

多维度跨文化交际能力的主要提升方法是通过系统化的英语教学帮助学生对英语文化形成正确的认知，促使学生英语交际能力增强。在大学英语教学中，教师虽然应用现代信息技术辅助自身开展教学活动。但在教学过程中，其教学重点仍是英语读写方面，没有指导学生英语听说方面的能力，因此，在大学英语学习中，可以发现学生关于英语听说方面的能力较差，影响学生英语交际能力的养成。并且教师对英语教学资源的利用存在一定的不合理性。教师没有利用教学资源，为学生营造英语文化情景，学生对英语文化的代入感较低，达不到引导学生了解英语文化知识，提高其交际能力的作用。

三、多维度跨文化交际能力的重要作用

多维度跨文化交际能力是社会人才发展应具备的重要能力之一。在大学英语教学中，提高学生的交际能力，满足当前企业对人才的要求，增加学生就业概率。而且学生多维度跨文化交际能力的形成，丰富了学生的文化素养，促使学生在交际过程中，可以很好地理解其中所包含的语境文化背景，理解语言中所包涵的深意。在大学英语教学中，培养多维度跨文化交际能力，为其提供新的教学思路。促使教师以多维度的眼光，看待自身的教学活动，发现自身教学中的不足之处，进而加以改正，提高教学质量。学生英语交际能力的提高，开阔了学生的视野，使学生对自身的发展形成一个正确的认知，制定学习计划，提高自身能力。

四、大学英语教学多维度跨文化交际能力培养模式

（一）树立全面教学思维，改变教学模式

在大学英语教学中，教师应把培养学生多维度跨文化交际能力作为教学的首要目标，进而构建多维度跨文化交际能力的培养模式。首先，教师在构建培养模式的过程中，树立全面的教学思维观念。教师用全面的眼光看待英语教学活动，对英语教学形成一个正确的认知。大学英语教学的开展不仅要丰富学生的英语知识，还应让学生在学习英语的过程中，英语综合能力得到相应的锻炼。因此，教师全面教学思维的确立，不仅改变了教师的英语观念，也帮助教师转变了自身的教学方式。在传统英语教学中，教师过于重视对学生理论知识的训练。其教学模式的转变，不再把提升学生的英语成绩放在教学首位，而是更加注重对英语交际能力的培养。其次，在构建过程中，还调整英语教学模式，对英语教学进行重新规划。教师准确掌握多维度跨文化交际能力的具体内涵，从而结合实际情况，把其融入教学之中，让其更加符合实际的教学情况。教师可以运用以互动为主的教学方式，调动学生对英语教学活动的参与度，让学生以互相交流的方式学习英语知识。

（二）完善英语知识结构，激发英语兴趣

英语知识结构是构建培养模式的基础，因此，大学英语在教学安排上，调整英语课程的结构，让英语等级考试内容形成系统化的英语体系，而且增加关于英语文化的相关知识。教师也应发挥自身的作用，做好课前准备，把英语文化融入英语教学内容中，丰富学生的学习内容。在调整英语知识结构的过程中，教师还应掌握学生的英语水平与英语能力。帮助学生制定英语学习目标，促进学生的发展。兴趣是指导学生学习最好的教师，教师在构建培养模式过程中，应注重对学生学习兴趣的激发。教师利用教学资源，为学生营造良好的英语学习环境，激发学生的英语学习兴趣。帮助学生组建英语兴趣小组，鼓励小组成员在日常用英语进行交流，提高学生的英语交际能力。

（三）运用英语情景教学，结合英语实际

在构建英语交际能力培养模式的过程中，教师把英语情景教学法融入其中。教师在英语课堂中，利用信息技术等新兴技术为学生构建学习情境，增加学生的代入感。情景教学模式在构建过程中，教师应把教学内容与文化背景融合在一起，使其更加自然地呈现在学生面前，学生不仅学习了英语知识，也了解到相应的英语文化知识。同时，在构建过程中，教师还应把实际教学融入其中，引导学生和外教交流，加深学生对英语语意的理解。

多维度跨文化交际能力是大学英语教学的主旨，教师通过应用结合信息技术、营造教学情景等方法，解决了大学英语教学中，教学模式陈旧、学生缺乏学习兴趣等问题，达到了构建英语交际能力培养模式的目的。

第二节　元认知与跨文化交际能力

自美国斯坦福大学儿童认知心理学家 John H.Flavell 提出"元认知"这一概念以来，外语学界对元认知的研究主要集中于元认知策略对外语学习的作用和对外语教学的启示这两方面。语言的学习和文化密不可分，任何外语学习者的外语学习过程都是一个学习和适应另一种文化的过程。因此，可以假设外语学习者跨文化交际能力的发展可能受到其自身元认知水平和元认知策略的影响。国内学者对元认知和元认知策略与外语学习的研究涉及听力、口语、阅读、词汇、写作、翻译及多媒体教学等许多方面，但对二者与跨文化交际能力的探讨还比较少。因此，对于元认知和元认知策略是否能够影响外语学习者跨文化交际能力的发展是值得学者和外语教师关注的一个课题。

一、元认知及其理论渊源

根据认知科学的观点，语言学习实质上是一个信息处理的过程，外语学习则是人脑在已有知识的基础上建立的一套某一外语的语言结构规则和使用规则，并在使用外语的过程中不断对已形成的规则进行加工和修改，逐步建构起学习者有关这一语言的内化规则。在这个过程中，外语学习者的外语知识系统一方面会受到母语和外语规则的约束，另一方面会受到自身认知能力和各种社会文化因素的制约。外语学习者控制这一复杂过程，操作众多变量因素，对自身学习过程进行规划、监控、评价和修正，就是"对于认知的认知"或"元认知"。

在 John H.Flavell 看来，元认知反映和调节认知活动的任何方面的知识与认知活动，即认知主体根据学习任务，在实现某个具体学习目标的过程中对自身的认知过程进行主动规划，同时不间断地根据监控采集的信息采取一系列的调节措施。简而言之，元认知包括两个方面：一是认知主体对自我认知的知识的了解；二是认知主体对认知过程的调节。它是个人在中自身思维过程自我意识的基础上，对主体认知过程的自我反省、自我控制、自我评价和自我调节。它是学习理论文献中的元记忆、元注意、元理解、元学习等术语的总称，属于认知活动中更高一级的策划、指挥和执行机构。

按照 John H.Flavell 的观点，认知主体的元认知由三个方面构成，即对认知主体的认知、对认知对象的认知，以及对认知策略的认知。Baker 进一步指出元认知其实就是对认知的认知，是学习者在学习活动中以学习过程为目标进行的一种自我规划、自我监控、自我评估和自我调节或矫正。根据他们的观点，外语学习者的元认知就是外语学习者对于自己、学习对象（外语）和学习过程（包括学习策略）三个方面的认知构成的一个整体。它可能是隐性的，也可能是显性的，但总是对外语学习者的学习过程起着指导作用，实现对学习过程中三个主要因素——语言知识、学习心理和社会文化的有效协调，实现对外语学习全过程的规划、监控、评价和矫正，使其成为一种学习者的主动认知活动。

二、元认知策略和学习策略

元认知策略是学习策略的重要组成部分，在国内外学者对学习策略的研究中，一直被研究者所重视。O'Malley 和 Chamot 将学习策略分为元认知策略、认知策略和社会与情感策略，三者在学习者的学习过程中相互作用，相互影响，共同决定了学习者的认知效果。其中，元认知策略发挥主导作用，直接影响学习者采用何种认知策略和社会与情感策略，决定了学习者是否能够对学习过程进行有意识的规划和监控，持续评估和矫正学习活动。如果学习者不能有效地运用元认知策略，他就不能针对自己的学习活动制订明确的计划，树立可行的学习目标，监控和矫正学习行为，更不可能基于当前的学习情况规划下一步的学习活动。

按照元认知的定义，元认知策略就是认知主体以认知活动为认知对象，在规划、监控、评价和矫正四个方面所采取的学习策略：一是规划策略，指认知主体根据业已确定的学习目标，事先对学习活动进行规划，预测学习过程中的关键任务和最终结果，同时预判可能出现的问题和构建相应的解决方案。二是监控策略，指认知主体对认知过程中的认知活动实施及时的评价和反思，并以此为依据调整其他认知策略。三是评价策略，指认知主体如何根据认知目标的完成情况对认知效果和所采取的认知策略进行评价和反思。四是矫正策略，指认知主体在认知活动结束，对认知结果进行评价和反思后，针对低效或无效的认知活动和策略采取的矫正和补救措施。

需要指出的是，这四种策略对学习过程的影响并不等同，而是呈现一种等级关系。就外语学习而言，规划策略起主导作用，是外语学习者语言使用水平的决定性因素，同时也是其他学习者运用其他三种策略的基础。另外，元认知策略中的监控策略与 Krashen 的监控模式并不一致，后者强调学习者对其所使用的语言结构的监控，而前者适用于包括语言结构在内的全过程的学习活动，是对学习过程中各种学习行为和效果的高层次的认知活动，也是后续运用评价策略和矫正策略的基础。

元认知策略对于外语学习的重要性得到了一些实证研究的支持。例如 Carrell 证实了适当的元认知策略训练能够明显提高学习者的双语阅读能力，而且策略培训是否有效与学习者个体的认知方式存在一定的相关性。之后，O'Malley 和 Chamot 提出 CALLA 模式，指出元认知策略训练能够帮助学习者对自身的学习活动实现有效的规划、监控和评价，使外语学习成为自觉和能动的认知活动。研究结果表明，这种训练模式在各种教学情境（包括语法、写作、词汇教学等）中效果都良好，对于学习者的学习效果具有积极作用。

根据上述观点，可见元认知策略是培养学生自主学习能力的关键所在。

三、元认知和元认知策略对于发展跨文化交际能力的价值

程晓堂和郑敏认为外语学习者会在学习过程中注意到不同文化背景的交际者在言语和非言语手段上存在差异，应将这一认知策略视为外语学习中所特有的学习策略。但是，除此之外，其他研究者对此鲜有研究，至于对元认知策略的使用与跨文化能力培养之间的关系研究，则更为少见。这一现象可能源自对学习策略使用影响因素的研究。如文秋芳指出，不同文化背景的差异会促使学习者选择和运用不同的学习策略，某一学习策略可能适用于某种文化背景的学习者，但可能不适用于其他文化背景的人群。但也有学者认为，相对于文化背景因素，学习者采用何种学习策略，更多地取决于他们的个体差异。因此，文化背景因素对于学习策略的选择并不是十分重要。

应当指出的是，国外相关研究中的研究对象并非严格意义上的外语学习者，大多是以英语为第二语言的学习者。即使放宽外语学习者的定义范围，我们也可以发现，研究对象的本族语文化和目标语文化之间并不存在中西文化之间的显著区别。因此，上述研究认为学习者的文化差异对于学习策略的选择和使用不存在显著影响，没有必要将这一点视为决定学习策略的主要变量。在这种观点的影响下，国内学者也没有对文化差异因素的影响给予应有的重视。但是，由于中国的外语教学发生于单语言环境，与国外的双语教学和外语学习存在显著区别，因此，如果忽视跨文化交际的需求，将会对中国外语学习者的学习策略使用方面的研究，尤其是元认知策略使用方面的研究造成不利影响。

在国内外语言教学环境下，鉴于中英文承载的中西文化的巨大差异，外语学习者的学习过程在本质上属于一种跨文化学习活动，或者说外语学习过程是学习者发展跨文化交际能力的过程。这种能力的发展要求学习者具备较高水平的自我认知能力，能够对学习活动进行有效的感知、评价、监控、解读和调节，并具备一定的计划、预测、评估、反思和矫正能力。这种能力实质上就是学习者的元认知能力，它对学习者的跨文化交际能力发展具有重要作用，在相当程度上决定了学习者的跨文化交际能力发展水平。按照 Bennett 的跨文化敏感度发展模型，学习者是否能够提高其跨文化敏感度，取决于他们是否能够在较高的层次上对文化差异进行解读、体验和处理，在具备这种能力的基础上，学习者才能够从民族中心主义阶段过渡到民族相对主义阶段。也就是说，学习者如果提高了自己对文化差异的解读能力，就会相应地提高自己的跨文化敏感度，最终实现跨文化交际能力的发展。从元认知的角度来看，这种解读文化差异的能力就是外语学习者或跨文化学习者的元认知能力，也就是一种较高层次上的对于学习过程的认知能力，使其能够实现自我感知、自我监控、自我评价和调节，树立自我文化意识，促进自主学习。

有鉴于此，外语教师在发展学生的跨文化交际能力过程中，应当对发展学生的元认知能力和元认知策略使用有所认识，并通过下述方式给予明确指导：一是明确学习任务、学习方法和可能的学习成果，制订可行的学习计划；二是监控学习计划的进展程度；三是评

价学习成果；四是针对无效或成效不高的环节提出改进策略并执行。

在具体学习任务方面，我们可以要求学习者尝试解释特定跨文化交际案例中所呈现的文化差异，分析案例中相关人物的心理过程和文化行为模式，判断案例中的交际行为是否有效，尝试提出可能解决问题的交际方式，反思自己在学习过程中的收获。这些方法在本质上都是用来鼓励学习者在元认知层面上进行思考，权衡不同交际行为的利弊，从而支持发展学习者跨文化交际能力的目标。我们需要鼓励学习者在跨文化学习中勤于思考，养成制订学习计划的良好习惯，善于模拟假设的跨文化交际行为（即"移情"策略），及时进行事后反思，这不仅能够提升学习者的元认知水平，也能够提高他们的元认知策略运用能力，而且满足跨文化敏感度发展模型中跨文化能力发展的要求。

第三节　跨文化交际教学法概论

一、翻译与跨文化交际的关系

翻译本身即是一种交流活动，翻译的本质即跨文化交际。翻译所涉及的问题一般都被归总为语言和文化两个方面。萨丕尔 - 沃尔夫假设就曾想解决语言和文化的关系问题，并提出语言决定思维和文化的观点。拥护这一观点的学者强调语言对文化的巨大影响，甚至有学者认为英文的普遍使用会导致西方价值观的植入，从而影响本土文化。也有很多学者认为萨丕尔 - 沃尔夫假设夸大了语言对文化的作用，因为没有哪个文化是完全孤立和封闭的，文化间都有相似性。我们认为文化的普适性和独特性同时存在于语言中，因为语言表达了文化，语言和文化互生共长，文化的独特性塑造了语言的独特性，因生理、心理和社会产生的普适性也使语言具有了普适性。所以翻译就是一个实现跨文化交际的过程，在文化的普适性和独特性之间斡旋，寻找最合适的衔接。翻译和跨文化交际的交合点表现在"跨越文化"，因为两个领域都寻求克服文化交际障碍。作为译者，其最大的使命就是成功达成两个文化间的交流，包括各种符号的暗示、语境和立场。所以说，译者的角色是传达一个文化对另一个文化的表情、意图、理解和期许，作为中间的协调者，译者必须具备双重文化知识，通过一系列理解和文化过滤来为两个文化搭桥。可见，翻译的本质即是跨文化交际活动。

二、翻译教学要注重培养学生跨文化交际意识

在翻译教学中，我们常说要培养起学生的翻译意识。何为翻译意识？简而言之，就是专业意识和语言敏感度。所谓专业意识就是能自觉从译学角度思索、揣摩自己的译文，能因时制宜地调整翻译策略与方法；所谓语言敏感度即对语境的高度敏感，能从语境角度思

考词句的翻译。专业意识实际上也包括了语言和文化的转换意识，尤其是跨文化转换意识。举个简单的例子：翻译"以外贸为龙头"，我们不会译成"with foreign trade as the dragon head"，而知道转换成"with foreign trade as the flagship"；翻译"鱼米之乡"，可以直接过渡成"a land of honey and milk"。更进一步说，翻译者不仅仅是一个语言输出管道，更是一个参与跨文化沟通的中介者，能积极、灵活地发挥文化交流作用。比如口译实践中，译者就常常根据说话者本意，把可能引起听话一方反感的文化错误剔除或加以修改，所以我们在翻译教学中，除了传统教学需要教授的翻译基础理论和基本技巧，还需要培养学生的跨文化交际意识，帮助学生建立全面的翻译意识。

　　为此，笔者于 2015 年 10 月对丽水学院 2013 级民族学院和教育学院英语专业学生做了一次调查。调查包括两份内容：一份是富含文化内容的翻译练习，一份是关于翻译中跨文化意识的调查问卷。参与调查学生总共 110 人，问卷收回 110 份。因为是英语专业三年级学生，经过一年的翻译训练，在语言能力上已有一定基础，较能体现大学生的实际情况。根据学生回答，笔者对调查情况做了一个总结，以下根据问卷调查的四个维度来分析。第一是关于文化的重要性，54% 的同学认为文化在翻译中相当重要，60.9% 的同学认为两者的关系很密切，63.6% 的同学认为文化问题引起的翻译困难最多，而且有 70% 的同学在自己的翻译实践中曾遭遇文化转换的拦路虎。所以说绝大部分同学对文化的重要性有比较深的认识，普遍认为文化不仅是英语学习的重要内容，而且是翻译的重要因素。第二是关于文化翻译能力。虽然有 75.5% 的同学认为自己具有相当的跨文化交际能力，但是有 80% 的同学承认自己无法自如地进行翻译中的文化转换。笔者从另一份对学生的跨文化翻译测试中看到，总共 30 个句子和短语，12 个汉译英和 18 个英译汉，翻译正确 8 到 9 个句子的人数占比例最大，有 26.4%；其次就是只翻译正确 3 个句子的，占 11.3%；而能翻译正确 15 个以上句子的只有 7.5%。测试表现出学生对英语文化内容了解较少，凡涉及文化信息的英文内容普遍难以识别，而且对中文过渡到英文的文化转换也一筹莫展。总之，学生的实际跨文化翻译能力较差。第三个维度是自我文化学习。80.9% 的同学认为自己对英语文化了解较少，56.4% 的同学认为在专业和课外学习中文化学习所占比例不大，62.7% 的同学认为通过各方面学到的文化知识不多。这一结果证明学生对英语文化知识的学习量不够，而且对自己的文化知识掌握情况也是不满意的。第四个维度是文化教学内容。71.8% 的同学认为专业教学中文化内容较少，63.6% 的同学认为当前教学没有注重文化，54.5% 的同学认为翻译教学要重视中西文化对比学习。而学生英语文化习得的途径，根据答卷情况，最多的是通过网络，其次是图书和教材，再次是课堂和讲座。所以说学生的文化学习途径大多是通过课外，我们的教学中并没有渗透进足够的文化内容，这也是造成学生文化学习缺失症的一大原因。

　　这一调查研究说明学生的文化翻译能力不足主要是由英语文化知识输入不够引起的，学生虽然对文化的重要性有清醒的认识，但由于主流教学中的文化内容少，使得学生不能从正面大量地认识和习得英语文化，反映到翻译实践中就表现出不能自如进行跨文化转换和交际。所以，翻译教学要培养起学生的跨文化交际意识还是需要从英语学习的源头上加强文化内容的教授和学习。

三、应用跨文化培训方法教授文化知识

提高学生的文化翻译能力，必须提高学生的中西方文化知识的积累水平，跨文化意识的培养不仅是翻译一门课程的要求，更是外语专业学生综合能力培养的一部分。随着社会发展，全球化日益紧密的交流关系使得文化教学已经成为当前英语教学的一个重点。对于文化如何教的问题，西方早在 20 世纪中期就开始了研究。"二战"后美国向海外大量派驻人员，但由于跨文化沟通的问题导致工作效率低下，由此美国率先开始了跨文化培训，跨文化交际研究也从此逐步展开。以下是对美国几十年来跨文化培训方法发展的简要回顾。

20 世纪 60 年代的美国主要以学院培训的模式（university training model）为主，强调认知，以讲座为核心授课模式，注重信息的传递。这种模式的缺点是学习者只停留在认知层面，没有掌握在新环境下学习和工作的沟通技巧。但这种方式简便易行，也适合教师用影视幻灯等可视手段来展现文化差异。60 年代中期出现文化对比法（Contrast-American），它以美国文化为主体参照，以另一个文化为客体对比，设置一些情景，以角色扮演的方式来习得必要的交际技巧。

20 世纪 70 年代主要以经验法模式为主，它注重通过体验来学习，是针对学院培训模式的不足而提出的。当时最普遍使用的体验式培训就是仿真游戏。"BAFA BAFA"和"Albatross"就属于这种培训模式。其中前者是用于培训美国海军驻海外部队的，它把受训者分成两个文化小组，假设双方互访，制造交际情景。用模拟游戏来开展跨文化培训比较生动有趣，但它也存在致命缺陷——"人造文化"缺乏真实性。另一类的仿真称为地域仿真（Area Simulation），即通过模仿真实的自然环境来培养受训者的生活适应能力。

最典型的经验法就是文化同化法（the cultural assimilator）。文化同化法是美国伊利诺斯大学心理学家们共同研发的。这种方法一开始给学习者描述一个关键事件，然后给出解决问题的四五个选项。正确的选择能顺利解决问题，而错误的选择则为学习者提供了警示与纠正的机会。文本最后还会对每一个选项给出具体解释供学习者参考。这种方法在 20 世纪 60 年代诞生后，在 70 年代和 80 年代进一步发展，尤其是经过布里斯林（R.W.Brislin）等人在美国夏威夷东西文化中心的研究和开发，成为一种主要的文化培训方法。

同时期兴起的还有文化自我意识模式（Culture Self-Awareness Model），该模式以学习者有明确的自我文化意识，能充分地认识自己的文化和价值观为前提。培训使用了当时先进的技术手段——录像，通过观看演员表演的文化交流场景，学习者进行讨论并做汇报和总结。

20 世纪 80 年代是跨文化培训的成熟期。这一时期由于经济发展，全球商业活动激增，跨国交际需求很多，这个阶段的培训采用多种手段并用的综合教学方法。

到了20世纪90年代，出现了一个新的跨文化培训方法，被称为行为修正训练（Behavior Modification Training）。它以 Bandura 的社会学习理论为理论依据，认为培训有四个核心：注意力、记忆力、再创力和动机。强调学习者经过观察和体验，对东道国文化行为留有记忆，然后在实践中把记忆付诸行动。动机则指促成这一学习过程的内外动机。这一方法利于改变学习者的一些文化习惯行为，尤其是在本节化中习以为常，而在他文化中却难以接受和理解的行为。这一方法已经更多地走向理论化，不适合本节要探讨的实用性文化培训方法。

从西方几十年的跨文化培训方法发展来看，对具体可操作的培训方法已经研究到一定固化的程度，把能开发的方法基本都用上了，从大体上看，一方面是说教式的文化输入，一方面是体验式的经验习得，另外还包括一个对自我文化的深刻认识。如何利用好国外多年研究的积累，进行适应性的改变，以运用到我国外语教学上来，是高校外语工作者应思考的一个问题。

国内对文化教学的呼声早在20世纪80年代就开始了，但因为种种原因，我们只是停留在学术争论和极小部分的试验上，仅在国内教师的学术探讨中，我们才能看到这些跨文化教学的方法和建议。桂诗春先生在其《应用语言学》（1988）一书中倡导将社会文化项目纳入外语教学大纲。他认为广义的文化可以由专门的课程，如背景知识课、概况课来讲授；狭义的文化则应渗透到外语课中进行，主要靠教师掌握。他还介绍了几种传授社会文化知识的方法，即文化旁白（cultural aside）、同化法（cultural assimilators）、文化包（cultural capsules）和文化丛（cultural clusters）。张红玲也提出跨文化教学的几种常用方法：文化讲座、关键事件（critical assimilator）、文化包、文化群和模拟游戏。张向阳总结的现有文化教学方法有概况介绍法、开设专门课程、结合课文介绍有关文化知识、比较对照法、角色扮演法。胡文仲和高一虹介绍了8种文化教学法：文化渗透、文化旁白、文学作品分析、文化片段、文化包、文化丛、文化多棱镜和人种学方法训练。近年来发表的学术论文提出的文化教学法也有诸如开设跨文化交流课程、组织跨文化交流的活动、讲座、影视播放、角色扮演、戏剧演出等。国内提出的文化教学法多少参照了国外的文化培训法，文化教学应该到教学实践中去，用事实来说话，所以教学方法是执行力的一个关键。"在教学中培养学生的跨文化交际能力既涵盖教学内容，也涵盖教学方法，只是在教材中添加一些跨文化交际的内容并不能有效提高学生的跨文化交际能力。方法在某种意义上甚至比内容更重要"。正因为此，我们把国内学者建议的文化教学方法和国外跨文化培训方法相对照，提取符合普通高校学生水平的可行教学方法，通过专门的跨文化交际课程或运用在各门传统课程的教学中以提高学生的跨文化意识和交际能力。这些可行的方法概括如下：一方面是在课堂上，教师应引导学生阅读并教授有关文化的相关内容。比如：文学作品和社会文化热点等；用讨论和辩论的手段阅读关键事件以加强跨文化交流意识；通过角色扮演，增进学习兴趣和语言实践能力；通过影视观摩并写观后感进行讨论交流；开设专门跨文化交际课程；以文化工作坊的形式，通过小组合作查找资料，报告别国状况，在课内做PPT呈现。另一方面是在课外，可行的方法有讲座，利用影视幻灯教具，介绍他国史、地理、宗教、哲学等人文景观；戏剧表演，体验西方文化，增强语言实践能力；有条件的情况下还可以开展文化交流活动。

四、结合跨文化教学提高翻译意识

跨文化转换能力已是翻译能力培养中必不可少的一个方面，由于翻译课堂的局限性，提高学生跨文化交际能力更多的是要通过与其他课程的合力合作。如上所述的文化教学方法，绝大多数适用于其他课程设计，对于提高翻译实践中的跨文化意识，我们需要在广泛开展的文化教学基础上，再对翻译教学进行强化，增加文化翻译的分量。笔者认为改善学生的跨文化翻译能力，提高学生的翻译意识，翻译课程设计可以从三方面进行考虑：教学内容调整、教学方法改革和教师知识结构优化。

教学内容上突出跨文化交际翻译教学的特点，可以添加中西文化的对比讲授，包括历史、宗教、哲学、艺术、文学等意识形态和英语国家人民的生活习俗；以个案为例子介绍语言与文化的关系；在翻译方法上增加如何缩短文化距离的专题，介绍达成文化对等的方法。鉴于翻译课时有限，教师可以考虑从传统的以技巧为中心转向以文化为中心的课程设计，从而系统性地涵盖上述所有内容。

教学方法上，两节课的教学时间对翻译这样的实践性课程来说显得比较紧张，所以教师应该引导学生向课外学习拓展，而不要沿用惯常的讲练模式，在文化内容的教学上可以参考跨文化培训方法。比如，可以让学生在课外组成小组，通过合作学习相应任务的文化内容，然后在课堂上以汇报的形式完成任务。教师在该专题的文化内容基础上，教授相关的翻译技巧并进行点拨和拓展，然后以翻译练习来巩固和讨论技巧的运用。以学生高度参与和内容紧密结合的特色完成每一次的授课，从而提高学习效度，让学生养成跨文化交流意识和翻译意识。

此外教师的知识结构也需要调整。因为一直以来教师在翻译教学上也没有充分重视文化内容，而更关注翻译理论和翻译技巧，文化和翻译关系往往只是一次课带过，师资队伍本身的外语文化知识也不足，所以提倡培养学生的跨文化意识，同时也是教师提升自身外语文化知识和跨文化认知能力的过程。

总之，单纯的语言能力已不能满足当今时代对外语人才的需求，跨文化交际能力的提高势在必行，全面培养学生的翻译能力也离不开文化教学和跨文化转换意识的培养，这不仅是翻译教学的任务，也是整体外语教学的任务，我们只有在教学的各个层面渗透入跨文化教学的意识和方法，才能改观传统的教学导向，使之适应时代的需求和变化。

第四节 文化教学

建设"一带一路"从政治互信、经济合作与文化交流三个方面出发，其中政治互信与经济合作以文化交流为基础。而翻译是不同国家与民族之间进行文化交流的重要工具。我国经济的发展速度越来越快，对外的文化交流正逐渐深入，特别是推进"一带一路"的建设以来，英语翻译能力已然是各行各业应用型人才都应具备的重要能力。

一、中国文化翻译教学的重要性

实行改革开放政策以来，我们虽然较为注重对英语的教学，但通常优先考虑培养阅读与听说的能力，而对写作及翻译能力的培养较为忽视。传统的大学英语教学首先对词汇及语法等语言要素进行学习和理解，而文化的教学，特别是针对使用英语介绍中国文化的教学，却逐渐被边缘化。在普通高等院校里，非英语专业并不专门开设英语翻译课程，在教材和试卷考核中在一定程度上缺少翻译学习的材料，尽管在英语课堂上会对翻译方法进行介绍和讲解，也只是单纯地为应付考试而服务。人们已经慢慢遗忘了翻译的重要使命，即对西方文化进行学习理解和对外介绍中国文化这一使命。除此以外，在进行跨文化交流和学习的过程中，同样有着与中国文化输出相比，更重视外来文化的输入的倾向，学生彼此之间甚至存在着母语文化失语症的现象。所以，现阶段，在大学英语教学的过程中必须增强对中国文化的翻译的指导。

二、中国文化与大学英语翻译

第一，语言表达以词汇为基础，学生要具有一定程度的文化词汇翻译水平。在英语教学的过程中，为了更好的翻译练习，老师要指导学生进行中国文化对应的英译词汇方面的积累，进而解决在翻译过程中的遇到的词穷和词语误用等问题。一则，学生能够适当增添带有中国特色的词汇和短语，以此扩大输入的力度。比如说"一带一路"在英文中可以翻译为 the Belt and Road：the Silk Road Economic Belt and the 21st-Century Maritime Silk Road。二则，学生可以把收集到的词汇进行分类总结，实现主题和表达相一致，形成半固定词块，建设中国特色主题词汇的结构，减少词语误用的情况发生，进一步加强表达的有效程度。

第二，因为在英语中缺少一些能够进行对照的事物或者概念，所以如何对有民族特色的文化进行表达翻译同样是一个难点。在大学英语的教学过程中，要合理地增添文化翻译的方法和语篇翻译的技巧训练。其中，文化翻译的方法大致涵盖了直译、意译、翻译和模糊翻译等。比如说纸老虎进行直译出来就是 paper tiger；物以类聚，人以群分翻译出来就是 Birds of a feather flock together；揠苗助长在英文中进行模糊翻译就是 Spoil things by excessive enthusiasm。然而，在进行语篇翻译时，要做的更多是比较母语和目的语之间具有的表达差异性，使用合句、分句、转换、省略、换序等翻译方法，从而提高语句表述的通顺性、逻辑性和连贯性。比如说，这天夜晚皓月当空，人们合家团圆，共赏明月，这句话在英文中就可以翻译成 On this day, under the dazzling bright moon, families reunite and enjoy the moon's beauty。这句话的原文偏重语意连贯，但是译文通过进行添加增补 on、under 和 and 等表达方位且具有连接性的虚词，更重视形式上的连接。

三、目前我国大学翻译教学中传统文化的缺失分析

从目前来看，在教育改革不断深度发展背景下，我国大学翻译教学获得了一定创新发展，提升了翻译教学质量与水平，更加顺应时代发展需求，凸显了学生在学习中的主体位置，促进了大学翻译教学的改革完善，然而也仍旧存在着缺失传统文化的现象，引起这一现象发生的原因主要有以下几方面。首先，教材因素，一般来说我国高校英语翻译课程教材在内容比例上更加注重西方传统文化的讲解、中英互译的比较以及翻译理论知识与技巧讲解，没有融入充足的中华民族传统文化，教材内容对西方的感恩节、圣诞节等介绍众多，而对于中国的元宵佳节、春节等传统文化内容介绍少之又少，翻译教材这种不够重视母语传统文化讲解的情况严重影响了当代大学生对国家传统文化以及本土文化的了解与学习，阻碍了传统文化在高校教育的传承弘扬，导致学生很难在未来的翻译工作实践中更好的传播中华传统文化，不利于我国优质翻译人才的培养。

其次，人为因素在大学翻译教学中也是造成传统文化传播效果不佳的另一主要因素。有些大学英语教师受传统教育观念影响，盲目迎合高校人才培养目标，更加注重学生英语翻译课程的学习分数与成绩，虽然学生能够顺利通过四级、六级等英语专业考试，却没有充分了解中国传统文化，难以提升翻译水平和质量。例如，对于我国传统文化中的儒家思想翻译时，儒家思想所提倡的"仁"，很多学生会根据这个字的表面意识直接翻译成"righteousness""forgiveness"或者"benevolent"等，却很少深入思考哪个词语可以将儒家文化精髓充分体现出来这一问题。

四、完善中国文化翻译教学的策略

（一）增加教材中的本土文化

在进行翻译练习的过程中，教材没有解释任何的翻译理论和方法，甚至都没有系统性地介绍翻译知识。除此以外，教材内容与题材大多涉及的是西方的社会文化而不是中国文化。因为在大学英语的教学过程中，学生使用英语对中国文化进行表达和翻译的机会受限于教材的既定内容，这种情况对培养学生使用英语进行文化交流时输出中国文化的能力十分不利。

综上所述，在大学英语课堂上所使用的教学资料，其内容应该尽可能地包括政治经济、历史文化和社会科学等多方面，不仅要有西方的、还要有中国本土的。与此同时，要对有中西方文化的题材的文章翻译资料进行适度增补。

（二）引进微课加强英语翻译

在实际的课堂教学中，老师能够通过有趣生动的视频进行教学、划分类别，进行不一样的翻译理论和方法的展示与讲解，从而将与中国文化主题有关的案例进行分析结合，例如饮食文化、礼仪习俗和儒家思想等方面的案例，可全面性地对顺译法、拆分法和删词法等翻译技巧进行梳理，从而形成一套翻译技巧的教学视频。

不同的视频都在一定程度上包含了文化元素以及翻译的知识点，将其整合在一起就形成了一个较为完整的翻译讲座模块。老师可以在学生完成自主学习和课前练习后，合理规划时间开展翻译活动，提供给学生一些讨论、问答和消化吸收知识的机会，让他们的网上学习和离线资源相结合。

（三）创新大学英语评价模式

英语考核试卷里，翻译这一题型占据的分值和难度都有所增加，随之大学的英语教学中其考核评价方式也要进行调整。以突出文化翻译的重要意义为目的，老师要指引学生注重学习文化知识以及提升翻译的能力，要把文化知识和翻译水平增加到考核评价的标准当中。

第一，在课堂教学活动中，要转变以往那种过分突出词汇和语法知识的做法，适当补充介绍民族文化的教学环节；在对课文进行讲解时，要适当地增加介绍与之相关的文化背景，指引学生对中西方文化之间的差异进行分析和对比。

第二，要组织学生开展以文化知识和翻译方法为核心的课堂实训活动，以此培养并增强学生的文化修养以及跨文化交流沟通的能力。其中学生的参与情况可作为考核评价标准的一部分。

第三，针对大学英语的期末考核要添加对文化知识与文化翻译水平的考查。

（四）设置传统文化的选修课

从文化教育方面来说，现阶段高等院校的英语类教学安排还有着很多不足的地方。有一部分英语类的选修课，在加强学生的语言能力以及扩大学生的文化知识储备方面没有起到作用，不能切实加强学生的跨文化交流沟通的能力。高等院校应该按照增强文化教育的要求，对大学英语类教学安排进行重新规划，适度增添一些以介绍中国文化和研究文化为主的英语翻译课程。例如，针对不同年级的学生，分别开设中国文学、传统民间艺术和中国通史等选修课；还可以根据学生不同的英语水平，在一些课程上实现英汉双语教学；开设有关中国文化的课程对中国文化的基本知识进行系统性的介绍，并同时拓展使用英语对中国文化进行表达和翻译的实训活动。另外，老师要特别注意一点，即指引学生多参加课外阅读活动。课外阅读的输入作为积累文化知识的一大途径，英语老师和相关的选修课老师可以为学生规划阅读课外读物，从而指引学生进行阅读有关中国文化的图书。

（五）增加中国传统文化翻译实践练习

想要培养一名合格的翻译人才，离不开有效的翻译实践练习，有些教师在讲解教材知识后，只是让学生按部就班地完成教材课后练习题目，这些题目侧重于考查学生对句型结构、语法结构、词汇应用情况，无法有效训练学生的实践翻译能力，影响了学生翻译水平提升。因此，教师要结合教学内容适当增加中国传统文化翻译的实践练习，引导学生以词汇、句子为传统文化翻译依据，由浅及深、循序渐进地帮助学生在翻译传统文化过程中深入感知熟悉中华民族传统文化，实现中西文化的有效结合。

例如，教师可以在中秋节来临之际，在课堂上用中文讲解中秋节日的起源与含义等内容，让学生在课后将这些内容用英语表达出来，这种教学方式既考察了学生对传统文化相关词汇的积累与运用，也加深了学生对传统文化的感情，有助于传统文化在学生心中生根与发展。

（六）重视传统文化内涵翻译

大学翻译教学过程中要加强对中华传统文化内涵的翻译教学，确保学生在翻译过程中可以保留原意，彰显传统文化内涵，传递传统文化思想精神。比如春节这一节日是我国传统的重要节日，在历史长河发展中逐渐形成了具有特色的传统年俗文化，人们会在过年时贴窗花、互相拜年、给压岁钱、一起包饺子吃年夜饭等，这些是中华儿女从小便耳熟能详的年俗文化，然而想要找到这些内容相对等的准确翻译方式却十分困难，一旦没有注重中西方存在的表达差异问题，将会引起翻译笑话，不仅没有准确传播我国传统文化，还容易让外国友人错误理解中国传统文化内涵，由此可见，大学英语教师在中华传统文化的实际翻译教学过程中，要灵活采取有效教学手段全面提升学生对文化内涵的翻译水平。

填充与缩略结合教学法。教师在中国传统文化翻译教学时，为了降低学生学习难度，让有关理论渗透到翻译教学中，可以将填充教学法与缩略教学法合二为一，进一步简化译文，凸显中华传统文化主题内容。

音译教学法。在翻译中国传统文化有关内容过程中，想要有效避免翻译替换和窜改问题发生，就要注重文化内涵的准确翻译传达。教师可以使用音译教学法，将没有英语词汇对应的中华传统文化内容清晰鲜明地翻译出来，比如将"饺子"使用音译法翻译成"jiao zi"，将中国闻名世界的"中国功夫"使用音译法翻译成"Chinese kung fu"。

意译教学法。所谓意译教学法就是指教师在传统文化翻译教学中，重视文化精神内涵，综合考虑中西方实际存在的文化差异和表达方式等因素，将传统文化精神通过英文翻译准确清晰地传递出来。只有这样，才能够实现我国传统文化在国际环境中的普及传播，发挥出传统文化在国家建设中的重要价值与作用，让翻译工作水平更上一个层次。

使学生文化翻译的能力得到提高的一个重要前提就是要让学生对文化有广泛的了解和深入的理解。翻译是进行文化交流的工具，但是文化交流具有双向性，我们不仅要对目的语文化有所了解，还要对我们的民族文化有所掌握。自"一带一路"倡议提出以来，对外开放的进程逐渐加深，新时代已然到来，我们要做到全面性的知晓西方文化，与此同时还要让全世界全面性地了解中国，以此促进中国文化进入世界。在大学英语的教学过程中，必须注重提高学生的文化翻译水平，特别是应该增强针对中国文化的翻译教学活动，以此使学生能够正确地使用英语对中国文化进行表达和翻译。

第四章　文化差异与英语翻译

第一节　英语翻译中中西文化差异的影响

文化是语言存在的一个背景，语言是文化的表达，文化与语言可以说是互相依存的关系。翻译就是两种语言互相转化的一个途径，而文化差异可以说是翻译工作中最有影响力的因素，对译者来说是一个巨大的挑战。翻译工作可以说是跨文化的一种沟通，为了保证翻译的准确，所以译者必须去了解语言产生的文化背景。在中英文翻译中亦是，中西文化之间的差异在中英翻译工作中影响也是很大的。本节将阐述中西文化的差异对英语翻译工作影响，及如何做可以更好地避免这些差异对翻译的影响，从而提高英语翻译的准确性。

随着世界发展和经济一体化格局的形成，文化与文化之间的交流也越发重要和频繁。中西文化因为地理环境、宗教信仰等各方面的不同出现差异，而翻译工作就是为了促进中西文化之间交流和沟通，所以翻译的合理准确是非常必要的。所谓翻译工作就是"在准确、通顺、优美的基础上，把一种语言信息转变成另一种语言信息的行为"，翻译可以说是中西文化连接的桥梁。

一、中西文化产生差异的因素

纵观世界历史发展，人类文明的发展是一个经历了漫长时间的积累和沉淀的过程，因此文化的形成也不是一蹴而就的。而中西方文化差异的主要表现就是在地域环境、风俗习惯、宗教信仰等方面。①文化的地域差异主要就是因为地理位置的不同。因地理位置的差异，所以文化产生的自然条件及环境气候等的差异，导致地域文化各有各的特点。地理环境的差异直接影响人们的生活，从而影响着锁产生文化的不同。②风俗习惯的差异主要跟政治、经济、艺术等方面密切相关。不同的地域与不同的民族在政治、经济、艺术等方面的追求也存在着千差万别的不同。而这些具有民族特色的风俗习惯，也是文化差异产生的因素。③宗教信仰可以说是人们的一种精神寄托，一种对美好生活的向往，也是人类文明的重要组成部分。不同地域、民族的国家有着不同的宗教信仰。比如中国遵从儒、释、道，而西方多数国家信仰基督教。由此可见，地域差异、风俗习惯的差异及宗教信仰的不同，可以说是中西文化差异的主要因素，这些差异也成为了解和理解不同文化的重要因素。

二、中西方文化差异对英语翻译的影响

翻译可以说是中西文化互相交流的桥梁，在现在世界经济一体化的格局下，越发显得重要。随着翻译工作的重要性不断提高，对译者的要求也在不断提高。如何在中西文化差异客观存在的现实中，能最准确地将中西文化中的特色展现出来，对翻译者来说了解语言产生的地域文化、民族文化和风俗习惯以及宗教信仰是非常重要的。①了解语言文化所产生的地域环境特点是翻译的基础的条件之一。地理位置和自然环境等是地域文化产生的自然因素，所以译者在翻译工作前必须对语言产生的地理位置和自然环境有最基本的了解。不同的地域文化在英语翻译中有着一定的影响。地域差异也直接影响着英语翻译的效果，有时候容易产生歧义。翻译工作的质量和效果直接影响文化的交流和沟通。地域文化的差异也影响人们对一件事的表达方式和态度。比如东风与西风这两个词："东风"一词在中国有一种"莺飞草长"的温暖感觉，而"西风"一词在中国会让人感觉到一种"古道西风瘦马"的寒冷。在西方国家往往是"biting east winds"（刺骨东风），而恰恰用温暖来形容西风，比如雪莱的《西风颂》中有一句："Oh wind, If Winter comes, can Spring be far behind?"（啊，西风，假如冬天已经来临，春天还会遥远吗？）可见西方西风一词象征温暖来临。而这一差异主要就是中西方地理环境差异造成的。我国的地理位置是东临大海，故东风吹来更舒适一些；而西方国家是西临大海，自然是西风更加温暖。由此可见，译者在翻译的时候要首先了解语言使用者的地理位置及自然环境的差异，不然译者很难准确表达出原文的文化含义。②了解语言文化产生的风俗习惯的特色，是翻译的基础条件之一。语言文化是一种历史的沉淀，也是一种民族特色不断发展的结果，因此译者在翻译之前首先要了解其语言文化产生的独特的民族风俗习惯。语言是人们生活交际活动的根本条件，也是文化的重要组成部分。中西方在语言表达方面也存在差异，比如中国人在表达方面比较含蓄委婉，而西方文化中，人们的表达方式更直接开放。风俗习惯的差异也直接导致中西文化之间的差异。例如，在中国红色象征红红火火，在各种喜庆的场合多用红色，而在西方国家则认为红色包含一点贬义色彩，代表了血腥等的意思。因此译者在翻译之前要对语言文化产生的风俗习惯有一定的了解，才能更好地表达原文的意思，才能更好地促进文化的沟通和交流。③了解语言文化产生的宗教信仰的背景，也是翻译工作的基础条件之一。宗教信仰就是人们的一种精神寄托，一种对美好生活的向往。宗教信仰是人类文明发展传承下来的，也有外来的一些宗教文化的影响，而语言表达也受到了宗教信仰很大的影响。众所周知，在我国儒、道与外来的佛教互相渗透，从而形成具有中国特色的宗教文化；在西方国家，宗教文化融合了基督教文化和哲学思想。两种截然不同的宗教体系，直接导致人们对事物认识的不同，也对语言表达有着影响。西方认为上帝主宰一切，而在中国则认为是神话传说的神仙主宰天地万物，因此在具体的翻译实践中，应注意到宗教文化的差异。不同的宗教信仰也影响着中西文化的差异化发展，在翻译过程中也要注意，只有这样准确

的翻译才能更好地促进中西方精神层次的交流和沟通。

三、在中西文化差异中寻求英语翻译中的具体方法

中西文化之间的差异对翻译工作者来说是一种巨大的挑战。为了更有效地进行文化的交流，在英语翻译中需要寻求具体的解决方法，才能取得翻译中的信（准确）、达（通顺）、雅（优美）的效果。①译者要了解语言产生的文化背景。人类文明的文化背景都是历经历史的沉淀和积累形成的，中西方文化也是如此。一名合格的译者，就是要深入了解中西文化之间的差异，不断提高自身素养，才能更好地应对中西文化差异对英语翻译工作的影响。②在翻译中根据中西文化表达的特点，可以适当调整语言表达的结构和格式。中西文化的差异导致双方在语言表达方式方面也是有区别的。因此在翻译的时候，要根据中西语言表达习惯来调整语句格式。中西存在文化差异，所以人们的思维逻辑方面也是有差异的，这也需要译者在翻译实践中注意区别，才能使翻译具有合理性。③适当地添加注释、注解来避免中西文化差异在翻译中带来的歧义。中西文化的差异，如果仅仅是按照字面的意思来翻译，很多时候会产生歧义，理解上难度也会增加。在这样的情况下，有必要在翻译的时候加一些注释或注解，这样也可以增加英语翻译的准确性。例如中国的成语虽然简单，但也隐含着深刻的意义。如果只是简单的字面翻译，在中西文化差异中，外国友人是很难很好理解的。由此可见，在翻译中适当添加注释、注解，更有助于理解彼此的文化，也能加深彼此的文化交流。因此，在翻译中要了解文化差异，同时也要了解中西方语言表达习惯，这样才能使得翻译更合理和准确，更好地达到文化的交流和沟通。

综上所述，地域的差异、风俗习惯的不同及宗教信仰的差异，直接导致中西文化之间的差异产生。近年来，世界经济格局一体化，翻译在文化交流中的作用越来越重要。而中西文化的差异对英语翻译的影响也是很大的，所以对彼此文化的了解是非常重要的。在英语翻译的具体实践中，译者要了解文化背景及差异和了解中西语言表达习惯等，才能更好地通过注释或调整句式表达的结构，才能提高翻译的信（准确）、达（通顺）、雅（优美）的效果，更好地实现中西文化之间的交流和沟通。

第二节　英汉文化差异与英语习语翻译

本节从习语与文化的关系出发，结合大学英语习语翻译教学实际，探讨英中两国在地理环境、历史典故、风俗习惯、宗教信仰等方面的差异，提出了大学英语习语翻译可采取直译、意译、套译、直译加注解等翻译方法，力求对英语习语翻译实践教学提供有效借鉴和参考。

一、习语与文化

语言是文化形成和发展的前提，文化的发展也促进了语言的丰富和完善。习语是语言发展的结晶，是民族语言的精华所在，主要包含比喻性词组、俗语、俚语及谚语等，隐含着丰富的民族文化内涵，带有浓厚的民族色彩。英语习语在语言表现形式上具有生动、形象、通俗的特点，同时意蕴深刻，在交际中被广泛使用。

但习语翻译一直是大学英语教学中的难点，学生在具体的习语翻译实践中，经常因为忽视英汉习语的文化差异或因翻译方法不够灵活、熟练，导致习语翻译效果不尽理想。这就需要教师在具体的教学实践中引导学生深刻认识英汉习语的文化差异，灵活运用多种翻译方法，促使学生的习语翻译实战能力不断提升。

二、英汉习语的文化差异

英汉文化存在很大的差异，其习语也各具风采。教师在大学英语习语翻译教学中应引导学生充分关注英汉习语的文化差异，为精准翻译打好基础。英汉习语的文化差异主要表现在如下四个方面。

（一）地理环境方面的差异

习语是实践的产物，它与人们的生产生活、工作环境密不可分。英国属于岛国，海岸线绵长，其航海业一度在世界上遥遥领先，英国人长期在海上生活劳动，因此，英语习语中有很多与海和海上生活相关的表达。比如，all at sea（一片茫然、不知所措）、like a fish out of water（处在陌生的环境中、感到不自在）、raise the wind（筹钱）等。而中国是海陆兼有的国家，汉民族自古以农业为生，所处的环境大多是山和地，所以汉语中的许多习语和土地、农业生产息息相关。比如，我们说的挥金如土（spend money like water）、斩草除根（cut the weeds and dig up the roots）、顺藤摸瓜（follow the vine to get the melon）等。这些以陆地文化为依托的汉语习语和以海洋文化为背景的英语习语明显不同。

（二）历史事件与典故方面的差异

英汉习语有不少来自历史事件、神话、寓言、典故等，这些习语由于来源的特殊性，仅从字面上来理解难免会望文生义。如 drop the pilot，这一英语习语的本意是指船泊岸或者过了危险区域后就叫领航员下船，而后转译为"成功后抛弃得力助手或功臣"，类似于汉语中的"过河拆桥"；meet one's Waterloo，意指曾经横扫整个欧洲大陆、不可一世的拿破仑遭遇滑铁卢之役一事，现一般译为"遭受惨败"；pan out，本来是指美国淘金热时淘金者用淘金盘（pan）捞起沙子，不断用水清洗，最终幸运地滤出小粒金子，现在该习语演变为"成功"。汉语中也有很多富含历史典故或实践的习语，如守株待兔、亡羊补牢、东施效颦、精卫填海等。不难看出，中英因各民族历史不同、历史事件发生的时间不同，由此产生的习语也就不同。

（三）风俗习惯的差异

风俗习惯是一种社会现象，是群体在生产生活中逐渐形成的约定俗成的生活方式。英汉习语中与风俗习惯相关的民族特色非常鲜明，比如土豆很受英国人青睐，据传，英国人每年就要吃掉四百多万吨土豆，因此，英语中有不少关于土豆的习语。英国人自谦时会说："I'm a small potato."（我是小人物。）英国人描述那些终日无所事事、手持电视遥控器躺在沙发上不断换频道的人为 a couch potato（电视懒虫）；用 a hot potato 来比喻对人诱惑很大但又很难得到的好处或利益。而中国人的饮食大多以米面为主，茶水是必备饮品，汉语中有很多相应的习语表达，如"巧妇难为无米之炊""粗茶淡饭""不思茶饭"等，但在中文习语中就很少能见到土豆的影子。

三、习语翻译的主要方法

习语翻译本身是一项系统而复杂的工作，翻译时仅仅关注习语的文化差异是不够的，还需要译者有扎实的翻译技巧。因此，在习语翻译教学实践中，教师还要引导学生掌握并能灵活运用多种翻译方法。习语翻译常用方法有如下四种。

（一）套译法

套译法就是在英语习语汉译时直接套用汉语中现存的、与约定俗成的含义对等的习语。汉语里有为数不多的习语在风格、形象、语体色彩等方面与英语习语对等，这样的习语在文化内涵和语言意义两方面都基本等值，在跨文化交际中能很容易地被人们接受，且不会引起歧义。比如，"To go through fire and water"可以相应套译汉语中的"赴汤蹈火"；"Where there is life，there is hope"可以译为"留得青山在，不愁没柴烧"；"Talk of the devil，and he is sure to appear"可以套用汉语中的"说曹操，曹操到"。这样的套译是对汉语习语的一种有效套用，能够准确地表达原语的深层含义，同时会使译入语读者感到亲切易懂。但这样的套译有一定局限性，一是套译的范围有限，英汉对等的习语并不多见；二是有些汉语习语和英语习语貌合神离，直接套用会犯张冠李戴的错误。比如，"A miss is as good as a mile"，这个英语习语会很容易被套译为"差之毫厘，谬以千里"，但该英语习语最主要强调的是错误的本质，即"大错小错都是错"；而汉语"差之毫厘，谬以千里"所表达的含义是"小错终会酿成大错"，强调一丁点儿错误都不能有，由此可见，两种习语的语义内涵相去甚远，直接套译会产生误译。

（二）意译法

英语中一些习语有其特殊的地理、历史、政治、经济等方面的内涵，无法用汉语对其进行对等翻译，只能采用意译法保留原语的基本含义。这种情况下，英语习语的文化信息和比喻形象往往很难保留，比如英语习语中"A new broom sweeps clean"，不能直接翻译为"新扫把打扫得干净"，人们习惯把它意译为"新官上任三把火"；又如"A cat has nine lives"，在中文里没有完全对等的套译表达，如果直译为"猫有九条命"，中国人可能会一头雾水，不知所云，因此只好将其意译为"吉人自有天相"，这样，数字"九"和"猫"在英文中的神秘性在汉语译文中就得不到有效体现。虽然意译法往往难以保全原语的文化内涵，无法使译入语和原语的语义和内涵等值，但意译法是一种比较变通的习语翻译方法，因而在习语翻译中的使用较为广泛。

（三）直译法

习语翻译中的直译法即是把习语构成词的字面意义直接翻译出来，这种方法有些有悖于习语的性质，往往适用于那些比喻形象突出、文化色彩较浓的习语。直译得当不但能够有效传达原语的形象和意义，且会让译入语读者会心一笑，备感轻松，同时，这种洋味十足的翻译能够丰富译入语的表达方式。比如，"Strike the iron while it is hot"可直译为"趁热打铁"；"Fish in troubled water"译为"浑水摸鱼"。这些译文由于多次使用，逐渐成了中文表达中的俗语，丰富了汉语的语汇库。另外，还有"as busy as a bee"（忙得像只蜜蜂）、"Blood is thicker than water"（血浓于水）、"armed to teeth"（武装到牙齿）等，都是通过直译而来的表达。直译法使英语习语翻译更轻松，也易使译入语读者所接受。但直译法需充分考虑译入语读者的理解力和联想力，否则非但达不到准确传神表意的效果，还会弄巧成拙。

（四）直译＋注解法

不少英语习语由历史典故而来，民族色彩浓厚，看似结构简单，但不能直接从字面去理解和翻译，这时候就需要采用直译＋注解的方法。比如，"as fair as Helen"若直译为"如海伦般艳丽无比"，不懂希腊神话故事的中文读者就很好奇："Helen是何许人？怎么个美法？"这时，我们可采用括号加注法，注明Helen是希腊神话中著名的美女，这样读者就不觉得难懂了。再如，《伊索寓言》的习语"dog in the manger"，如果直译就是"马槽里的狗"，译入语读者会不明就里，若加注"自己不做却不让别人做""自己不用也不让别人用"等解释，该习语的意思就非常清楚明了。

当然，英语习语翻译并不是一蹴而就、照葫芦画瓢的简单工作，它不仅需要译者有知识面上的宽度，还要有文化内涵上的深度，即To know everything of something and something of everything（通百艺而专其一），同时，要能在具体的翻译实践中灵活运用多种翻译方法，做到具体问题具体分析，使译文既能准确表义，又能为译入语读者所理解。这就需要教师在具体的习语翻译教学实践中引导学生加强习语文化的学习和习语翻译经典案例的积累，在练习中大胆实践习语翻译的各种方法，加强学习、实践、反思，不断优化习语翻译效果。

第三节　英语文学翻译中文化差异的处理

在翻译英文原著的译作里，因为受到不同国度语言差异性的干扰，翻译含义的准确率显著减小，同一译品翻译的时间也越发变长。因此，翻译者应该更加注重如何采用更具有操作性的方式，解决翻译英文原著时出现的语言差异性的矛盾，从而提升英文原著译品的质量，培养阅读者的文学素养，理解西方原著含义里透露出的文化背景与特点。

一、翻译、文化的内涵以及文化差异处理在英语文学作品翻译中的重要性

（一）翻译、文化的内涵及标准

翻译是借助译文对原文进行阐释的过程，文学翻译是一种以文学作品为基础的翻译活动。作为文化的核心构成部分，文学创作亦是艺术创作的一种形式。所以，从文学的角度来看，翻译也是一种艺术娱乐活动。文学翻译不仅对等地实现了两种语言字符转换，而且实现了原作中文化信息的传递，从而满足了阅读者在阅读中探寻的愿望，使阅读者能够体会到原著里所具有的含义与文化思想。

语言是文化的中心构成成分，是传承文化的一条极有效用的路径，能够更好地传达出文化的内涵。因为语言历史背景不同，因此国度差异引出文化里词汇自身的特别性，以及特别事物身上所被赋予的内涵。比如：中国的"龙"代表好运、吉利和晴空万里，西方的"龙"则代表反抗、暴虐和十恶不赦。在语言交际过程中，不同民族的人们是否能够有效地进行交际，关键在于对句子背后含义的深刻掌握，以及对句子背后更为深厚的历史背景的理解。翻译能够使得不同的国度有效用地进行文化、语言交流。翻译和语言、文化差异性关联极大，因此翻译者应该要对原著和译品的语言都了解颇深，并充分理解两种语言下的背景文化。翻译的宗旨在于最大限度地将源语言文化内涵在目标语言中完整地表达出来，实现真正的沟通。

（二）文化差异

"文化差异"是指不同社会发展模式与生态环境中特定群体的人在语言交际、生活信仰、思维方式、风俗习惯、道德等方面的差异。它最为突出的表征显现便在于对同样事物和现象里相异的理解，从而导致了交流障碍。本节从翻译学的角度探讨了英汉两种文化的差异，这是英汉文学翻译的前提，是达成相异文化、语言有效率联系的前提。一种是文化蕴含关联，也就是文化内涵表征为文化内涵里涵盖一种文化内涵，也可以说是文化内涵相交的情境。二是文化排斥关系，即两种文化有着不同点，甚而已经不能表达出其更为深刻的含义了。三是文化联系里的差异，也就是说两种文化都有自己独特的文化成分，与其他

文化相比就是这一部分的差距。

（三）文化差异处理在英语文学作品翻译中的重要性

从英语文学翻译的意义来看，英语文学作品的翻译过程相当繁杂。中西方语言的差异性使得倘若无法深刻理解两种文化差异与特征，译作就会受到阻碍，产生文化解读错误，从而影响学习者的学习效果。因此，正确把握好英文译品差异性的意义极大。所以，在译作时，翻译者需要把握好方式，处理好语言间的差异性，提升译品的质量。针对译者而言，了解一种语言的直接意义是远远不足的。

二、英语文学翻译中处理文化差异的具体方法

（一）分析文学作品语言风格

以完美展现英语文学作品，翻译中译者应仔细分析源语言和目标语的语言风格，因为相异风格的原著自身的文化含义与因素是不同的，语言风格相异的作品呈现的特征也不同。唯有把握语言特色，才能提升译作的可靠性。翻译小说、戏剧类，翻译者应该要把握其内在内涵与文化背景。倘若依旧使用科学技术方式，文学译品就仅仅是文字累加，而失去了美感，阅读者也不会再那么有兴趣，而会感到厌烦。所以，英文译品翻译期间，要想清楚译品的语言风格，开发其实质语言差异性，并通过针对性方式处理好文化间的差异性。

（二）运用动态对等定义

由于中英文之间存在着诸多差异，尤其是文化的差异性，所以翻译者应该要擅长使用动态对等来处理英文原著翻译里会出现的文化差异性。英文文学原著的翻译是英语作品在汉语中的完整表达，因此，在翻译英语文学作品时，译者在理解文化差异的基础上，能够使用翻译技巧，保证其准确率，在阅读者完整地阅读完译品，增强对其的理解。事实上，此处动态对等的含义也就是说把原著词汇译成中文，并且能够相对应译语法，使其保证译品后文体与语言风格都能够相应对等。

为使得英文原著在翻译后出现的译品能够更为整体且准确地翻译出原著的含义，基本所有的翻译者都是逐词进行翻译，从而保证阅读者对译品的理解性。然而因为中英文间的差异性，尤其是语言与文化的差异，所以翻译一方面要保证对差异的理解，另一方面也要能够采用动态对等的理论将差异降到最低。翻译中存在一种动态对等的观念，即将原著中的词汇或词组逐个儿翻译成相应对等的中文。但因为西方原著所属的文化与本国文化间的差异性，导致很多时候，词汇逐词直接的翻译，极容易造成无法正确表达原著含义的问题，且导致错误。因此有时候需要一些变通的方式。

仅仅针对"动态对等"观念而言，大致涵盖的内容有四：①原作与译品题材的一致性；②翻译时篇幅的相应性；③翻译时语法的统一性；④原作与译品词汇的一致性。这些内容保证了译品的质量。所以，我们应能够更为有效且正确性地了解到动态对等的理念，且在

翻译中确保中英文的思维含义的对等。

文学体裁、篇幅、语法和词汇是译品的四个成分，所以，翻译者应该充分理解动态对等的定义，并且能够通过该方式翻译原著，使译品与原著文化含义和风格对等，确保翻译前后作品的风格和文化内涵的一致性。

（三）通过对异化和归化翻译理念的研究，正确处理文化差异

在翻译西方原著时，有一种要找到原著所属语言文化根源的翻译理论，即异化翻译理论。至今采用该理论最为出彩的，得提到美国的译者劳伦斯·韦努蒂。为了加深对该理论的含义了解，本文将其作为例子，如《三字经》的西方译品中完整传达，它们使用了该理论，一定程度地确保了原属于中文里的成分，如"头悬梁，锥刺股。彼不教，自勤苦"在译品中便被翻译为"Head hung high!Needled his thigh!Not pushed，they kept working away."

在翻译里，有一种将译品整体特征作为根源，以实现归化的理论。这是同异化完全相异的理念，严格参考了译品自身的文学特点。采用此种理念，纵然原著有了部分变化，然而却使译品拥有更多的阅读特性，也是对译品传达文化的一种理解与尊重。

（四）利用创造性叛逆手段

本国翻译西方原著的译者时常会在翻译中遇到一个相似的困惑：在翻译原著的时候可否融入译者自身的一些独创性的想法，又或者仅仅参照原作翻译，保证准确性即可。但事实上，该类问题应需参照原作的类别。倘若原作属于散文、小说或诗歌一类，便可以使用一种创造性的叛逆方式，因原作中一些涵盖的思维与含义倘若直接翻译，是难以表达出那些原作里的美感，并让阅读者感受到原著的吸引力的。倘若原作属于应用科技一类题材的书籍，则直接进行译作即可，且要保证其准确性。事实上，创造性叛逆方式，也就是译者在尽量保证译品准确性的前提下，采用更为技巧性的方式，掺入译者自身的想法，从而提升译品的想象力与新意，使译品更富有创造性。

英文文学是西方国度思维含义与该国此时文化状况的整体表现，一方面它们反映出的是该国度所展示出的时代与民族的特点，另一方面也是作者乃至整个国度所属文化以及思想的展现。翻译实际上是本国与西方国度文化相互传达以及学习的主要方式，也是为了使各国度的阅读者能够通过这些文学了解到该国文化，并且对待相同的作品能够产生跨越国度却相似的体验和感想。纵然语言的相异使得这些作品的表达不尽相同，然而翻译者在翻译途中，需能够对该作品创作的前提与时代有一定程度的了解与感受，能够领会这些作品要传达的情感与思想。因此翻译作品要尽量贴切地描绘出该作品的思维意境、民族、时代、文化的情景，使其因语言间的差异而带来的理解难度降到最低。

要把握清楚语言背后所包含的含义，书写、语音以及词汇间差异也要考虑清楚，从而尽量保证其准确性，并压低语言带来的局限性，使阅读者最大程度理解原作。

中西国度间语言差异而带来的文化差异难以忽视，也不可忽视，因而在翻译外国原著时需考虑清楚它们的差异，并使用可操作性的方式尽量将其降到最低，才能够翻译出最好

的译品，保证其效率与质量，使本国阅读者能够通过阅读译品培育良好的文化素质，同时也推进针对英文原作的译作项目的有效且富有质量性的前行。

第四节 商务英语翻译受东西方文化差异影响

随着经济全球化以及商务一体化的出现，已经有越来越多的人关注到商务英语的发展，东西方地域文化、思维方式的差异，导致中文和英语翻译的过程中也会存在很多问题需要我们关注，如何才能够提高商务英语翻译的效率已经成为时下讨论的热点话题。

本节从商务英语的特点进行分析，结合实际情况指出了东西方文化的差异给商务英语的翻译所造成的问题，并针对对东西方文化差异的认识、商务英语的翻译技巧以及商务英语的翻译原则这三个方面指出如何才能够有效地提高商务英语的翻译效率。

一、商务英语的特点

商务英语属于英语的一部分，其中包含着丰富的欧美文化内涵。这些文化与我国历史文化之间的差异性较大，会给商务英语的翻译造成很大的影响。同时，商务英语是一种专业英语，主要用于商务活动当中，因此商务英语翻译需要达到礼貌、实用的要求，这样贸易双方在商务活动中才能准确地表达己方的意愿和要求，从而促成贸易成交。此外，商务英语是以适应职场生活的语言要求为目的，内容涉及商务活动的方方面面。商务英语课程不只是简单培养学员的英文水平、能力，更多的是向学员传授一种西方的企业管理理念、工作心理，甚至是如何和外国人打交道，如何和他们合作、工作，以及他们的生活习惯等，从某种程度上说是包含在文化概念里的。

二、东西方文化差异对商务英语翻译的影响

（一）地域文化差异

由于东西方所处地域、环境的不同，所以直接导致地域文化出现差异，例如，英国是一个岛国，海岸线曲折而漫长，所以当地的航海业及捕鱼业对于英语的发展产生了巨大的影响，同样，中国有较长的海岸线，但是由于中国是一个农业大国，所以导致中文的形成和演变均和农业有关，东西方文化之间所存在的差异对英语的翻译造成巨大的影响，所以我们在翻译的过程中需要关注这部分问题。

（二）思维方式差异

在翻译商务英语的过程中，东西方思维方式之间所存在的差异直接导致中西方文化中对于语言的要求之间存在着区别。中文讲究"意合"，也就是说，在使用中文的时候只要

意思表达正确就行了，对于句子的格式不做要求。但英语中对于句子格式以及单词组成的要求则更为严格，讲究"形合"，例如"热死了"这句话，很多学生在翻译的过程中都会犯一个常见的错误，那就是找不到本句的主语，但是我们仔细思考后就会发现主语是天气，翻译的过程中，主语是"天气"，系动词是"是"，表语是"热"。

（三）民族心理差异

在商务英语翻译的过程中，民族心理也会给商务英语带来很大程度上的影响，所以译者在翻译的过程中需要注意不同民族文化背景所造成的翻译差异，例如同样是喜鹊，东西方人面对它却会有不一样的态度，中国认为喜鹊本身代表着吉祥以及好运，在古诗中也会有喜鹊的身影，如"绵绵远念近来多，喜鹊随函到绿萝"，而在西方人眼中，喜鹊是啰嗦、烦琐的代表。又比如东方人认为绿帽子是一种贬义词，而西方则不这么认为，因而好莱坞华人区的 Green Hat 餐馆就几乎没有华人光顾。

三、东西方文化差异对商务英语翻译产生影响的应对策略

（一）加强对东西方文化差异的认识

翻译者在从事商务翻译时，需要对中西方文化的差异有所了解，很多西方国家都认为13是一个不吉利的数字，而中国人则不这样认为；在中国文化中，中国人对于9更情有独钟，9这个数字，在古代多用于帝王，例如九五之尊，再如我国现下常见的999感冒灵。

不同文化所造成的习惯差异也体现在颜色方面。在西方国家眼里，蓝色代表着忧郁，但是在中国人眼里蓝色则有着另外一种象征。虽然蓝色在西方人眼里代表着忧郁，但是还是会有很多地方的 blue 并不翻译为忧郁，例如 blue blood 直译为蓝血，并非是忧郁的血液，而是代表着贵族出身以及贵族身份。如果对于中西方文化差异不够了解，在翻译的过程中，则没有办法准确表达。

此外，在中西方文化里，即使是同一种植物或者动物，也代表不同的意思，例如常见的芳草牌牙膏，在翻译的过程中，则不能音译为"fangcao"。"fang"在英语中其实是一个英文单词，指动物的犬齿或者是毒蛇的毒牙，这种牌子的牙膏会让西方人觉得很不舒服，直接影响这个品牌的推广。

不同的生活习惯、文化认知以及习俗方式，都会造成东西方文化的差异，这就要求翻译者在翻译的过程中，需要充分了解东西方文化的差异。随着经济全球化的加速，会有越来越多的国际贸易活动出现，商务英语也会随之不断地发展，翻译者对于东西方文化差异的不了解，将会直接导致在翻译的过程中无法准确翻译或者是翻译出让某一方反感的文字，从而影响交易的完成，影响商务交流的正常进行。

（二）掌握商务英语翻译的技巧

商务英语在翻译的过程中，对于翻译者的反应能力和应变能力要求很高，但是很多人

都没有办法满足这一要求，所以为了提高反应能力不足的翻译者的翻译能力，我们就会选择借助一些言简意赅的程序化用语来帮助我们完成商务英语的翻译，例如想要表达感谢时，可以选择句型："Please accept my sincere appreciation for..." 翻译为 "请接受我方对……真挚的谢意"，同时，翻译者还可以对句子中的部分单词进行替换，从而提高翻译的表达效率，实现商务交流过程中信息的高效传递。

因为商务英语是应用在商务交流中的语言，所以在应用的过程中，还需要保证其简洁直观性，所以翻译者可以通过适量的增词减词来达到目的，可以根据谈话前后的逻辑关系和表达习惯，在适当的地方增加没有出现但实际已经包含的词，或者去掉出现但不需要表达的词汇，例如 All cash shall be subject to income tax，就可以翻译成所有现金红利均需要缴纳所得税，在翻译的过程中，将被动转变为主动更符合中国人的翻译习惯和阅读习惯。

商务英语多用于不同的场合，所以翻译者还需要对英语中所出现的缩略词进行辨析，确保缩略词所代表的意思是正确的。此外，翻译者在将中文翻译成英文的时候，也可以适当增加一些缩略词，以保证文章的简便性，从而提高翻译的效率，例如翻译中常见的 "WTO"，即 "World Trade Organization"，也就是我们常说的世界贸易组织，虽然缩略词经常广泛应用在商务英语中，但并不是每个翻译者都能够熟练地应用这些缩略词，所以就需要翻译者们平时的积累和学习，才能够在工作中发挥作用。

结合目前的实际情况来看，商务翻译的过程中，四字结构的应用也已经十分广泛，例如 "work on small profit margins can not grant open-account facilities"，可以翻译为 "利润率低的工作不能提供开放账户贷款"，但是在商务英语中，则可以翻译为 "薄利经营，概不赊账"，四字结构的使用使原文变得更加简洁流畅，庄严正式，能够体现出书面用语的正式程度以及结构的严谨性。

相较于其他的英语翻译来说，商务英语翻译对于词汇的准确性要求较高，所以翻译者在翻译的过程中，需要对意思相同但含义有所差别的词汇进行辨析，例如我们常说的 problem、question 和 job、work，这些词汇都可以翻译成问题和工作，但是其中的含义还是所有差别的，还有其他的专业词汇，所以翻译者在翻译的过程中需要结合语境的变化以及词汇本身所具有的含义进行辨析。

（三）掌握商务英语翻译的原则

由于中西方语言习惯的不同，所以翻译者在翻译的过程中需要避免东西方文化差异对商务英语翻译所产生的影响，还应该熟练掌握商务英语中翻译的各项规则，从而使对方能够感受到尊重的同时，传达自己的目的，做到简洁明了，准确全面，突出重点。在翻译过程中，还应该避免将自己的语言习惯以及个人情绪带入翻译中，保证商务英语的准确性以及职业性。例如在东方，龙和凤都寓意着吉祥健康，很多中国的名字中也常常会出现龙和凤这两个字，所以以龙和凤为元素所涉及的商标也广泛地受到消费者的喜爱，但是在有的西方国家中，龙代表着邪恶，而孔雀则被认为淫鸟、祸鸟，所以译者在翻译的过程中就需要注意这一常见的文化差异问题。同时，在翻译的过程中还应该保证语言的简洁性，尽量用简单明了的语言来向双方传达对方的意图，在翻译一些外国品牌的时候，要注意对品牌文化的了解和翻译，尽量避免音译，而是通过翻译将品牌背后的故事传递出来，例如UNIQLO的音译尤尼秋，但是我们在翻译的时候会选择将其翻译为优衣库，不仅能够很好地体现出原品牌的品位，还能够让消费者更加直观地感受到优衣库对于衣服设计和质量的高要求，从而传递品牌的力量，给双方留下一个更好的印象。此外，在商务英语的翻译过程中，译者还应该多使用礼貌英语，让谈话双方能够感受到自己被尊重，从而促进双方的交际。最后，译者在翻译的过程中，需要对双方的谈话内容进行分析，并抓住其中的重点，准确全面又重点鲜明，避免出现把所有表示语气的非实质性谈话内容都翻译出来，否则不仅会令听者一头雾水，还会造成谈话效率的下降，这对于商务合作以及双方洽谈都是非常不利的。商务英语是一门较为复杂的科目，商务英语翻译也是一份难度较高的工作，所以更需要学习者和从业者做到勤学苦练和随机应变。

在激烈的国际市场竞争中，要保证我国的竞争力，高素质的商务英语翻译者是必不可少的，东西方文化之间的差异导致商务英语在翻译的过程中存在很多需要注意的问题，所以翻译者只有在不断学习和积累的过程中，才能够切实提高自己的工作效率。

第五节　中西文化差异与农业英语翻译

不同民族的人是否能够通过语言互相沟通，不仅取决于他们对语言本身的理解，而且取决于他们对语言所负载的文化意蕴的理解。唯有深刻理解两种语言的文化差异，才能跨越语言鸿沟，从而使翻译中的问题迎刃而解。在文化趋同的过程中，文化的差异依然存在，不同的文化背景不可避免地会发生局部的交叉，从而给语言的翻译带来种种障碍和困难。正如美国翻译理论家尤金·奈达指出的："翻译是两种文化之间的交流，对于真正成功的翻译而言，熟悉两种文化甚至比掌握两种语言更重要，因为词语只有在其作用的文化背景中才有意义。"这说明农业英汉翻译也要将中西文化结合起来，离开文化背景去翻译，不可能达到两种语言之间的真正交流，文化差异会引起文化意象的失落或扭曲。主要表现在以下几个方面。

一、地理环境

自然环境是人类赖以生存和发展的基础，不同的自然环境对民族文化形成和发展有着不同的影响。英国是一个岛国，四面环海，受海岛狭小范围的限制，土地资源十分有限，航海业和渔业十分发达，因而生活中有许多习语源自于航海业，它们在汉语中很少有完全相同的对等习语，如：to rest on one's oars 暂时歇一歇，to know the ropes 某人非常精通某项业务，或者熟知其中的套路，内行。这些习语多和航海有关，代表岛国文化。而中国传统文化以陆地为主，华夏民族生活在广袤肥沃的东亚大陆上，理解这些表达方式就较为困难。

中国自古以来就是一个农耕气氛比较浓厚的国家，典型的大陆环境，土地在人们的生活中至关重要，汉语中有相当一部分和土地及农业生产相关的成语，如挥金如土、拔苗助长、顺藤摸瓜等，英语用"spend money like water"比喻花钱浪费、大手大脚，而汉语用"挥金如土"。如果不了解中西方存在的这些差异，往往会在翻译过程中出现差错，使原文和译文意思大相径庭。同样，汉语有许多关于山川、四季等方面的习语，在英语中也难以找到现成的对应词。如"东风"是"春天的风"，夏天常与酷暑炎热联系在一起，如"骄阳似火"。英国地处西半球，报告春天消息的是西风，英语中不乏歌颂"西风"的诗篇，如英国著名诗人雪莱的《西风颂》（*Ode to the West Wind*）正是对春的讴歌；英国的夏季正是温馨宜人的季节，英语诗歌多抒写夏日之丽，如莎士比亚在他的一首十四行诗中把爱人比作夏天，"Shall I compare thee to a summer's day?Thou are more lovely and more temperate."这些习语充分体现了英国与中国在地理环境上的差异。

二、历史文化

历史文化指由特定的历史发展进程的沉淀所形成的文化。在英汉两种语言之间进行翻译时，会经常遇到由于历史文化差异而出现的翻译难题。要对一些历史典故进行恰当的翻译，就必须正确理解他们丰富的历史文化底蕴和内涵，并施与恰当的译法，否则就不可能很好地体现和传递历史典故的含义。例如，汉语中的"鸿门宴"应译为"Hongmen feast with a trap for the invited"，若不了解中国楚汉相争时的历史背景，很可能会直译成"Hongmen feast"，该译法就会令西方人莫名其妙，不能很确切地理解。又如英语谚语"Talk of the devil and he will appear.""Speak of angels and you will hear their wings."意思接近于汉语谚语"说曹操，曹操到"。然而前者带有浓厚的西方宗教色彩，而后者则与历史有关，译者在翻译时若不了解中国三国时的历史背景，很难将该英语谚语翻译到位。

三、价值观

价值观是文化的核心和灵魂，它是特定文化中人们对好坏美丑等进行判断的标准。表现在两种语言中，会对语言理解和翻译造成很多障碍，在翻译中要引起足够的重视。中西文化传统的差异，导致了人们价值观的差异。中国人的价值观在很大程度上受儒家思想的影响，相反，英美文化中最重要的价值观念是个人自由，以自我为中心，非常注重个人隐私，而中国人的个人隐私观念没有那么强，经常主动关心别人，以别人为中心，考虑别人的感受。如在中国，服务生通常这样问："先生（小姐），请问您需要什么？"这是中国人的习惯性说法，体现中国人考虑的主体是对方，而不是自己，但西方国家的服务生却要问："What can I do for you?"或者"Can I help you?",这样的问法体现了他们从自身角度出发的观念。

四、风俗习惯

风俗习惯的差异是文化差异的另一个主要方面,英汉民族不同的生活经验和民俗习惯势必造成观察、认识问题的角度、方式和方法的不同。就话题的选择来看,英美人交谈忌讳涉及年龄、收入、婚姻、信仰等有关个人的话题,认为这些属于个人隐私;而中国人见面就会问"你多大了?""结婚了吗?""每月能拿多少工资?"等,以示关心、亲近。

风俗习惯的差异在成语当中有较多的反映,特别是在动物形象上。例如,龙在中西文化中就代表了两种完全相反的形象。在中国传统文化中,龙象征着吉利、尊贵,而在西方神话传说中,dragon 通常是邪恶的代表。表示颜色的词语同样由于中西文化的差异,其所蕴含的意义也有很多不相吻合的地方。blue(蓝色)在英美文化中常意味着"忧郁,伤感"。例如,in a blue mood、having the blues 均指"忧伤",a blue fit 指极其愤怒,但 a blue film 却并非伤感的影片,而相当于汉语中的"黄色影片",blue jokes(improper jokes)指"猥亵的笑话",也就是时下流行甚广的"荤段子"。在中国文化中,黄色既有"污浊,淫秽"之意,又象征"王权、皇家",而西方文中 yellow 并无此意,如 yellow pages 指电话簿或其他登记各种机构、商店、团体等的册子。yellow journalism 指以耸人听闻的方式报道新闻消息等。

由于中西方在地理环境、历史文化、宗教信仰、价值观念、风俗习惯等方面的差异,对语言学习造成一定障碍,对农业英汉翻译也产生很大的影响。在农业英语翻译课上,应注意培养学生的跨文化交际意识,侧重讲授翻译技巧和方法,以实践为手段,提高学生的农业英语翻译能力。

第六节 中英文化差异与英语翻译教学

翻译教学在基层电大占据着重要的位置,翻译是把一种语言表达出来的东西用另一种语言准确而完整地表达出来,为了能准确地转换语言,必须要熟练掌握不同语言之间的差异、文化差异是学生自行翻译时比较难以掌握的部分。英文习语和中文习语表达的文化差异,词汇表达的文化差异以及中英语言表达习惯的差异都是翻译教学和翻译过程中极需注意的问题。

在基层电大的英语考试中,无论是公共英语还是专业英语,都会出现中英互译的题型,商务英语专业专科的毕业考核是让学生自己找一篇 2000 字以上的英文原文,翻译成中文,公共英语和英语专业基础课也都会有英汉互译的题型出现,这需要在平常的教学中渗入翻译的知识。翻译是一种跨越时空的语言活动,是"把一种语言表达出来的东西用另一种语言准确而完整地表达出来"。鲁迅先生认为："凡是翻译，必须兼顾两面，一当然力求其易解，一则保存着原作的丰姿。"这就是说，译文既要信，又要顺（both faithful to the SL and smooth in expression）。当代翻译理论家张培基等人在《英汉翻译教程》书中也提出"忠实""通顺"的翻译原则。翻译是检验学生是否能自如运用语言的一种形式，可如何才能让译文和原文更贴切呢？语言是经过长期的历史文化发展而慢慢形成的，由于不同国家有着不同的地理位置、历史发展、宗教信仰等，语言的表达存在着极大的文化差异。而大部分学生所能接触的英美文化相当有限，中英文化的差异成为学生翻译过程中的一块很大的障碍，所以教师要在课堂翻译教学中要时时涉及跨文化知识，这不仅能让学生能更易理解英文的表达，也能让学生翻译得更为正确和恰当。

一、翻译教学应注意中英习语表达的文化差异

习语是人们在长期观察、劳动、生活、娱乐等活动中积累起来的约定俗成，具有完整独特含义的词语，是某一语言经过长时间的使用而形成并提炼出来的固定的表达方式，具有浓郁的民族文化特色。而在我们的课堂翻译教学中，习语也是最能体现文化差异、最难准确翻译的。由于中西方地域文化、历史文化、生活及风俗习惯等方面的不同，习语的翻译也一定要相得益彰。在英汉互译时，我们可以根据语言蕴含的文化背景找出贴切的习语来进行翻译。如"spend the money like water"，在中文我们用来表示此意义的习语是"挥金如土"，中文里"画蛇添足"的成语用英文来表达的话，我们就可以根据英国的文学历史用莎士比亚的"To gild the lily"来贴切对应，而像"对牛弹琴"，我们可以用"to cast pearls before swine"，还有其他的英汉对照翻译如"laugh one's head off"（笑掉大牙），"love me，love my dog"（爱屋及乌），"Misfortunes never come singly"（祸不单行），"like father，like son"（有其父必有其子）。还有像在基层电大商务英语专业使用的新思维综合英语系列的课文中出现的"when in Rome，do as the Romans do"。当学生了解了这习语背后的文化知识，知其所以然，学生自然而然地想到了用"入乡随俗"的中文来贴切翻译。这样既不违背原句表达的意思，也能准确表达译句背后的文化知识，符合了翻译家们提出的"忠实、通顺"的原则，但也正因为中英文化存在差异，所以并非所有的习语都能一一对应，像"Beauty lies in lover's eyes"汉语的相似表达是"情人眼里出西施"，但"西施"是汉语文化中的美人，这样翻译体现不了原文的出处，所以翻译成"情人眼里出美人"会更好。从上述例子可以看出，由于中英地域、历史、宗教信仰等文化的差异，语言的表达方式也大相径庭，想要翻译好句子或文章，一定要在课堂教学深入讲解中英文化方面的差异，根据中英不同的文化背景，正确理解原文的含义，了解原文的文化特点，注意英汉习语之间的异同，运用直译或意译的方法贴切地翻译原文，在准确译出习语意义的同时，对原文的民族文化、不同的文化背景、不同的思维方式和表达习惯也要多加考虑。这也能让学生对中英文化差异有更好的认知。

二、翻译教学应注意词汇表达的文化差异

很多学生在记忆单词含义的时候，很多时候都是对着单词表机械的记忆，这样在进行英汉互译的时候学生翻译得枯涩难懂，词不达意，还会出现很多的 Chinglish 的表达。所以在翻译的教学中，要引导学生去根据句子来理解单词的意义，而要准确地分析单词的意义，就要涉及单词背后的文化背景，因为很多单词的意义会根据文化背景及使用者所处的情景有不同的变化。如在《新思维综合英语 2》出现的句子 Mr.Heinlein uses fictional characters in fictional situations to attack all explanations of the universe based on faith, to undermine the idea of love based on jealousy, and to annoy the materialists and the politicians. 在学生的翻译中，materialist 学生大多翻译成唯物主义者，这就是因为不了解美国人讲究实际、追求物质利益的价值观。而 politician 翻译成政治家，但其实"politician"在句子中表示的是贬义，政治家却是褒义，所以这样的翻译会让读者理解不了作者所想表达的真正含义。这需要教师在翻译教学的过程中灌输词汇蕴含的文化背景知识，这样才能让学生正确把握句子的含义而翻译得恰如其分。与此相似的例子还有：Ambition, aggressive。由于中国和西方文化信奉的价值观不同，两个单词在英汉两种语言中的含义也不尽相同，ambition 在中国一般会解读为"野心勃勃"，而在英美文化中却多为"雄心壮志"的含义。而 aggressive 在英美文化中的含义是"进取上进，有开拓精神"，中国却大多把此作为"挑衅，激进，好斗"的含义。除此之外，中西文化的不同也表现在对词汇象征意义的运用上，如：She is as timid as a hare. 她胆小如鼠（在西方文化中，兔子用来表示胆小的含义，而在中国却是把老鼠比喻为胆小，这就需要我们在翻译的时候了解词汇在不同文化的含义），还有红色的象征意义，中国多用来表示吉利，而在西方文化中，却多表示的是邪恶、凶兆的含义。因此在翻译 green-eyed，A white lie 等词汇和短语时就要多从中英文化的差异方面来进行翻译理解。教师在平时的教学中也应当对单词的含义进行深入挖掘与剖析，并且结合特定的文化背景来引导学生更好地理解词汇的含义，深化学生对中英文化差异知识的认知，提高学生的翻译技能。

三、翻译教学中应注意中英文语言表达方式上的不同

中英文化的差异不仅体现在语言的含义上，在语言的表达方式上的差异也很明显。由于文化背景的不同，语言的运用也大不相同。翻译教学中也需要时时地突出中英文化差异，尽可能地去培养学生学会运用英语和汉语的地道表达以及理解表达方式的不同，提高学生的语言表达能力。以汉语作为母语的学生会对汉语的各种表达方式运用得很贴切，但是对于英语的表达方式却会经常混淆，不知如何应对，在运用中当遇到英语的某些表达在汉语中没有完全对应的表达时，不少学生就胡乱套用一些汉语的表达方式，造成如中国式英语等的各种错误。譬如英文中最基本的时态表达，很多学生总是难以理解，因为这在中文表

达是没有的，所以在翻译的时候学生总是对时间概念难以把握，这就需要教师基于中英语言表达方式的差异来对学生进行引导。还有英文中常会出现的形式主语 "it"，如：It seems as if it is going to rain. 看来要下雨了（It 并不需要翻译出来）。这只需根据英文的表达而做出合适的中文翻译，学生在做毕业翻译作业时，因语言表达方式的不同而出现的错误比比皆是，很多学生都是根据英文的表达直接一字一词地翻译成中文，出来的效果很不理想。如：The higher rate of unemployment was caused by the recession. 经济的萧条导致了失业率增高（学生多会翻译成高的失业率是由于经济衰退引起的）。由于英汉两种语言的语法结构和表达习惯存在较大的差异，在翻译时既要忠于原文的意思，又要保留原文结构。但在不能兼顾的时候，需要改变结构，保留原文的意思。We tried in vain to persuade him to give up his wrong belief. 我们尽力劝说他放弃错误的信念，但没有成功。同样如此在翻译教学中教师一定要让学生对英语中的典型表达方式有良好认知，并且要在比较的过程中让学生们直观感受到中英文化的差异。在这样的基础上才能够保障学生的翻译过程准确恰当，这也能极高地提升学生的语言素养。

　　语言只有在文化背景下才能更真实，更丰富，中英文化的差异导致了中文和英语在表达和含义上的明显差别，在英语翻译教学中，教师要注重对于中英文化差异的有效渗透，充分考虑到英语语言是受其文化制约的，只有去理解和掌握中英文化的差异，才能理解英文语言的实质。教师要让学生们对于习语中体现的文化差异有良好认知，并且要让学生有效辨析单词的字面含义与引申含义，这些在翻译的过程中都非常重要。教师也要让学生明白两种语言在表达方式上的不同，在这样的基础上才能够保障学生的翻译过程准确恰当。

第五章　跨文化英语翻译的意义

第一节　跨文化的商务英语翻译

商务英语的规范性能够帮助国家实现两国间贸易上的合作，提高我国在国际舞台上的地位与魅力，对促进我国经济发展具有重要意义。本节就商务英语的翻译特征、文化差异对商务英语翻译的影响及合理的优化措施展开探究。

一、文化对商务英语翻译的影响

（一）风俗习惯对商务英语的影响

地理位置不同，导致全球各个国家的风俗习惯以及风土人情都具有很大的差异性。风俗习惯是受社会文化的特定性影响的，进而形成具有一定模范性的人为活动。风俗习惯的形成都是经过漫长的历史洗礼得来的，是民族文化的象征。如在中国，最典型的风俗习惯就是新年的传统节日——春节；而在西方国家，一般以圣诞节、复活节、感恩节为主。这些节日都能够很好地反映一个国家的风土人情，并且对人民群众的日常行为造成深远的影响。东方和西方由于地理条件存在巨大差异，导致两个地方的人民在思想、文化内涵上也存在很大的差异，同时对商务英语的翻译产生影响。例如"龙"是中国传统文化的象征，它象征着高贵、吉祥。但由于西方国家对"龙"这个词没有类似概念，因此当"亚洲四小龙"出现时，我国翻译人员不能将四小龙直接翻译为"Four dragons In Asia"，这会让许多西方国家的人民难以理解，正确的翻译应该是"Four Asian Tigers"（亚洲四虎）。这样的翻译能够让西方人明白其中的语境和意义。

（二）文化差异对商务英语的影响

由于历史发展的缘故，西方国家与东方国家存在非常明显的文化差异。若贸易主体在进行交流的过程中没有在意其中的文化差异，当涉及文化方面的合作时就容易产生异议，不利于合作的正向进行。例如，对阿拉伯数字的使用情况进行分析，可以发现数字的含义与当地文化具有较强的联系。在中国，因为"4"这个数字与中国的"死"谐音而常常被避讳，如开发商一般将4楼改为3A楼。而西方国家对"4"这个数字往往没有讲究，反而对"13"

这个数字十分忌讳，这也是因为西方文化对耶稣的信仰。因此，在商务英语翻译过程中，专业人士应尽量不用"4""13"这样的数字，从而帮助商务谈判顺利进行。

（三）文化表达对商务英语的影响

东方国家与西方国家不仅在文化内涵上存在较大差异，在文化的表达上同样存在明显差异，甚至可以用相悖来形容。东方尤其是儒家文化圈通常以孔子的思想进行交流与沟通。子曰："由，诲女知之乎！知之为知之，不知为不知，是知也。"这是谦虚地表达自己的想法和建议。受儒家思想的影响，中国人通常会将自己的地位放低，提倡尊重他人进而表达看法。在撰写文章的时候，一般都以"浅析""浅谈"等非常谦虚的词语进行文章的论述，这凸显出我国"以礼待人"的传统美德。但在西方国家，他们在表达自身看法的时候，不会以自谦的方式进行，这主要源于他们自己对国家文化的认可，对自身文化的自信。例如，中国在签署合作协议时出于礼貌都会在文件中附加一句"本着双方平等互利的原则"，这在西方人眼里是可有可无的，因为他们认为这些都在法律的管辖范围内，法律会根据事实来保证合作双方的合法权益，没必要在合同中出现。因此，在商务英语翻译的过程中，需要专业人士对中西文化差异深入了解，再使用规范的词语进行翻译，防止在交流过程中双方产生误会。

二、跨文化商务英语翻译的优化路径

（一）加强对商务英语表达特征的了解

商务英语的表达特征一般表现为简明扼要、浅显易懂，具有自身特色的修饰以及生动形象这三个方面。由于商务英语的使用范畴及对翻译内容规范性的要求非常高，这就需要商务英语翻译人员在日常生活和工作中加强对其表达特征的了解，才能在翻译中灵活运用。不同的贸易活动具有不同的翻译标准，为此，翻译人员需要根据不同的活动内容选择合适的表达特征进行翻译。在熟悉商务英语的表达特征之后，还需要对与商务英语有关的文化背景进行了解和掌握，对其中的主要句式及写作风格深入研究，进而准确拿捏其中的语境，以便于我国与西方各个国家进行更好的交流与合作。

（二）充分考量文化因素对商务英语翻译的影响

由于每个国家都存在独特的文化和历史，导致相同的内容在不同的文化背景下翻译出来的意思也会出现差异。因此，需要在进行商务英语翻译之前，对其他国家的发展历史及文化背景进行研究，对他们的风俗习惯有一定的了解及掌握，确保能够充分理解对方在贸易交往中所表达的意思，并且将内容准确地翻译出来。首先，需要翻译人员充分考量文化因素及风俗习惯对英语翻译的影响，尽可能对中西方文化差别详尽了解；其次，在翻译之前需根据谈判事项的翻译内容提前做一些准备，尤其是贸易主体的文化背景及风俗习惯，争取做到我方国家"入乡随俗"，保持友好、融洽的沟通方式；再次，专业翻译人员在英语翻译过程中还需时刻注意对方表达看法及建议时的语音语调，准确拿捏对方表达的情感及意图，从内容到感情，逐一进行翻译，为两国顺利开展贸易活动提供专业性保障。

（三）根据贸易活动的语境进行英语翻译

语感在学习英语的过程中占有重要地位，而语感的培养一般来自对语境的准确分析。在国际贸易活动中，需要根据语境进行分析判断并做出准确的内容翻译，进而提高英语翻译的质量。无论是汉语还是英语，或是其他国家的语言，很多词汇在不同的环境下其代表的含义也会发生改变，甚至会衍生出新的释义。例如，"New balance"这个短语，用最直白的翻译方式可以直接音译为"新的平衡"，但在中文语境中"新平衡"明显失去了它所要表达的真正含义以及词语的辨识度，不如"新百伦"更能体现产品的高贵品质，更符合目前中国消费者的审美，因此自然赢得广大消费者的青睐。在跨文化的背景下，商务英语翻译人员必须充分了解语境，根据不同的语境将词汇赋予新的含义，避免因为语境理解有误而导致翻译不得当的现象发生。

（四）加强贸易活动中专业术语的词汇量

相比于其他类型的英语翻译，专业英语翻译在专业性及严谨性方面都表现得比较强。从事商务英语翻译的工作人员除了需要具备日常生活英语外，还需要积累大量的专业术语来协作完成商务英语翻译。首先，翻译人员需要积累大量的专业名词并对其进行准确的翻译，同时，还要对积累的专业名词进行归类划分，在不同的贸易活动中使用不同的专业术语，以保证翻译的专业性和准确性。其次，某些英语词汇是一个国家特有的，在其他国家可能并不存在，对此，需要翻译人员在翻译工作开展之前进行资料的搜索，根据商务英语翻译的特点进行准确翻译，尤其是那些在贸易活动中出现频率特别高的词汇，才能保证贸易合作的正常进行。

综上所述，商务英语在贸易活动中占有主导地位，是国际活动主要语言形式之一，对国际贸易的顺利进行具有非常重要的作用。而商务英语翻译可以快速推动我国国际贸易的发展，促进多边国家贸易合作，是帮助我国实现中华民族伟大复兴的助推剂。因此，翻译人员必须从跨文化的视角出发进行商务英语翻译，根据不同国家的文化背景将贸易主题的中心思想准确表达出来，同时，翻译人员还需要考虑地区的文化认知、语言表达以及思维方式等多方面因素的差异，这样才能使翻译工作变得更加轻松、顺利。

第二节　英语翻译教学中跨文化交际能力的培养

随着人类社会交融越来越密切，跨文化交际的现象逐渐变得普遍和常态化，对跨文化交际的需求也在不断地增大，作为交流途径的一种，翻译也为此显得尤为重要。

一、翻译与跨文化交际的差异

人类共有的感知能力既有共性，也有个性。翻译的过程中，跨文化交际出现的差异性，从而导致的翻译障碍是必然要发生的事情。民族性的文化给翻译带来了一定的困难和障碍，例如，名言和谚语，不同的民族根据自身的自然环境、宗教信仰、生活习惯和民族心理等多种关系密切结合，凝结了自身的智慧不断的传承，承载了丰富的文化信息和文化内涵。

思维模式的差异是人脑对客观现实的反映和反射功能，是人类对世界的一种认知能力，它不仅具有共性，必然也具有强烈的个性。也是由于这种思维个性形成意识上的差异，考虑的角度不是同一性的，还有语言自身的复杂多样，构成了不同民族和国家之间文化上的交往障碍。比如，表示"勉强别人去做他不能做或不愿做的事情"。在汉语中可以说是"强人所难"或者"赶鸭子上架"，在英语中也许会翻译成"drive a duck onto a perch"，再比如英语中的"Love me, love my dog."在汉语中可以翻译为"爱屋及乌"，法语为"爱马丁的人，也爱马丁的狗狗"，由此也可以看得出，在不同的民族、不同的国家，尽管思维内容有很多的相同之处，但由于思维的差异，在整个翻译的过程中，跨文化交际也有着很大的差异性。

语言文化的差异性，其实有些时候是受到声像化、物质化、民族意识、地域化、社会化等原因影响的，例如"花生"在汉语中除了作为食物名称之外，在结婚的时候送上花生，再加上红枣、桂圆、莲子就寓意着希望新人早生贵子，在你升学考试的时候则寓意着步步高升，当你是生意人的时候则寓意着你升官发财，这就是语言文化中由于声像化导致的文化差异。例如，"天地"在汉语中象征着至高无上，像是历朝历代只有皇帝才可以祭拜天地；夫妻新婚时要同拜天地；农民在耕作的时候是要面朝黄土、背朝天的，形容劳动不易以及对天地的敬畏；在悲怨至极、感觉走投无路时会大喊"老天啊……"，是天道观的反射。而在英语中的天"god"代表着至高无上的神，也就是上帝，他主宰并给予了人们一切。这是文化语言中由于民族意识导致的文化差异，等等。

二、翻译与跨文化交际的阐释与融合

（1）跨文化意识是由于译者对不同文化之间的差异从而爆发的敏感性，也就是说，对于在跨文化交际翻译的第一轮交际活动的参与者来说，译者的跨文化意识能否成功是其进行的关键之处。有学者就此认知专门细分出了四个层次：第一，是不理解与自己有别的不同文化的表面文化现象的认知；第二，对于与自己文化背景相反，是不可思议又缺乏理念的文化认知；第三，通过理性认真的分析之后，对异文化的文化特征得以认知；第四，要求交际者在充分、理性地认识异文化差异的基础上，把自己移情融入文化当中去，让自己设身处地地感知别人的际遇和感受，完全走进对方的心境，在与自己完全不同的文化背景下观察、学习、思考和认知。

译者在跨文化意识中要有对原来语言文化的意识；要对异文化有所意识；要对自己翻译的策略方法有解释的能力。这些不仅是能够良好地进行翻译的基础，还是使跨文化交际有效进行的必要条件。

（2）归化作为翻译的一种策略，主张的是为了降低接受者的接受难度，将原著或源语言中文化的异类成分牺牲，也就是要将其大量的、宝贵的并且极具有价值的附载信息进行消除，从而转化为即将翻译的语言文化中被人们非常熟悉并且认知的内容。异化作为与归化相对立的翻译策略，则主张在翻译的过程中，要以原著或源语言文化为根本归宿，不怕造成很多接受者对译文的接受难度，更加在意的是可以保留原寄宿者的真实情调，使接受者欣赏、学习并借鉴到自己的母体文化当中来，丰富本国的文化，促进文明更好地提高。

随着文化的交汇融合和全球性发展，人类的交往及学习沟通方式也越来越全面，人类对文化的多元化已经有了充分的认识和包容，当民族文化不断地被其他民族了解和接纳，甚至吸收，翻译将变得开阔而清晰，翻译与跨文化交际的畅通性便不再是不无可能。

第三节　跨文化交际中科技英语翻译的语用失误

随着社会、经济和科技的发展，中西文化交流与合作日益增加，自 20 世纪 50 年代开始，科技英语慢慢地成为一种专门用途的英语。科技英语有着文体简洁、逻辑严谨、语言紧凑的特点，词汇中含有大量的专业词汇及术语，句子中多用一般现在时态和被动语态。不同国家和民族在历史传统、生活方式、社会习俗等诸多因素方面都存在着差异。就外语翻译来说，如果不了解这种文化上的差异，一定会造成语用失误。英国语言学家托马斯（Thomas）认为，在语言交际中，如果一个人犯了语法错误会被认为是语言知识方面的缺乏，能得到谅解；如果一个能说流利外语的人在语用方面出现了失误，则很有可能被认为是不友好或缺乏教养的表现。语言学家海姆斯（Hymes）也曾说："不懂得语言的运用规则，语法规则将变得毫无用处。即使说话人用极标准的语法遭词造句，在语用行为上却可能让人难以接受。"由此可见，跨文化交际的成功不仅需要有良好的语言能力，而且还要了解交际双方的文化差异及思维方式等。由于英汉语言在文化形态、表达习惯和认知模式等诸方面都存在较大差异，科技英语翻译常常会出现跨文化和跨语言的语用失误，这些语用失误严重地影响了翻译的效果。所以，了解和分析跨文化交际中的语用失误问题，避免科技英语翻译中的错误和译文的语用失误现象是很有必要的。

一、语用学与科技翻译之间的联系

20 世纪 90 年代出现了把语用学和翻译二者结合起来的语用翻译理论，国内外学者对有关语用翻译的研究也逐渐增多。在西方，代表人物有哈蒂姆、梅森、奥尔森、卡瓦西克、昂格尔等学者，他们应用相关理论对翻译进行了研究；在中国，何自然、钱冠连、刘祖慰、吴议等学者在语用和翻译的结合研究方面亦有不少研究。张新红等认为："语用翻译是指从语用学的角度探讨翻译实践问题，即运用语用学理论去解决翻译操作中涉及的理解问题和重构问题、语用和文化因素在译文中的处理方法以及原作的语用意义（pragmatic force）的传达及其在译作中的得失等问题。"语用翻译的目的是要把原文的语用用意在译文中准确地翻译出来，让译文与原文意思一样。语用翻译一定要注重语言在特定语境中的语用用意和目的语与源语的语用等效。如果不能实现语用上的这种等效，翻译就会出现语用失误。

语用学研究语言的使用与理解，既研究发话人利用语言和外部语境表达意义的过程，也研究听话人对发话人说出话语的解码和推理过程。语用学研究的不是抽象的语言系统本身的意义，而是交际者在特定交际情境中传达和理解的意义以及理解和传达的过程。翻译研究则是探讨译者解读原文、在译文中重构原文意义的学问。语用学和翻译学的研究对象都是语言理解和语言表达，两者都关注语言的目的。

二、科技英语翻译在跨文化交际中的语用失误原因

英汉科技翻译独具特色。科技英语的文体、语言、交际目的等因素决定了科技英语的文本意义不会有过多的言外之意，科技英语翻译的标准应是精确、通顺。但英汉两种语言存在较大的差异性，翻译时难免会引起语用失误，而且科技英语是不断变化发展的，在跨文化交际中科技英语翻译语用失误产生的因素主要有以下几个方面。

（一）单词字面意思引起的翻译失误

翻译没有充分考虑词语的具体语境，没有传达出单词在文中隐含的语用用意。翻译时只片面地注意词语的字面意义，而忽视暗含意义，因而造成误译。词语的语用意义是词语在实际运用时所蕴含的意义，它与词语的语境密切相关。

如：Rivers provide good sources of hydropower.

误：河流可以提供好的水力资源。

正：河流具有丰富的水力资源。

我们知道"good"一词表示"好"，但"好"在哪里？应根据具体情况翻译，使句子意思更加清晰。"good sources"翻译为"丰富的资源"就比较贴切。

（二）文化差异的影响引起的翻译失误

中国是东方文明古国，受儒、道、佛学的影响很深，而英国和西方一些国家信奉基督教。科技英语翻译在跨文化交际中，不可避免地要接触两种文化，而语言是文化的一部分。两种文化的差异越大，科技英语翻译在跨文化交际中就越为困难。对目的语文化的了解程度如何，是科技英语翻译在跨文化交际中能否顺利进行的一个至关重要的因素。翻译时要重视文化因素，科技文章中的翻译都带有一定的文化特征。忽视了文化因素，会导致科技

翻译交流的障碍。

有许多话题是中西方人都能接受的，如个人业余爱好、节假日、天气、职业、电影或书籍等。在跨文化交际中，如果交际双方只顾遵循自己的说话方式，就会打破对方的说话规约或习惯，影响交际的顺利进行。因此我们要了解文化的差异，防止翻译中的语言失误。

如：Have faith in me，please.I can separate the sheep from the goat.

误：请相信我，我会区分绵羊和山羊。

正：请相信我，我会区分好坏的。

如果了解的话，就会知道"separate the sheep from the goat"是出自《圣经》的一个典故，sheep 和 goat 在英语中具有不同的含义，分别表示好人和坏人，所以常用这个短语来表示区分好坏。

（三）思维方式和价值观不同引起的翻译失误

美国语言学家 S.I. Hayakawa 在《语言的使用和无用》一书中指出，民族的语言表达与其思维方式有关系，在国际交往中值得注意。西方的思维方式主张"人物分离"，崇尚个体思维，认为整体只有在个体对立中才能存在。西方人的思维场在"同"中求"异"，从小到大，从未知到已知，突出人作为一个独立的个体的主观作用，思维场以主题为中心，主客体界限分明，惯于逻辑思维、抽象思维。反映在语言上，西方人有重形合的特点，而中国人有重意合的特点。西方人在语言中多用非人称主语和被动句，很少省略主语。中国人的思维方式偏重形象思维。中国人追求"天人合一""物我交融"这种人与自然界处于和谐统一的状态，注重"心领神会"的个人感受，习惯在异中求同，倾向于整体思维和情感思维，从大到小，从已知到未知，从实际出发，注重主客体融合。反映在语言上，有重意合的特点。语言中多用无主句和主动语态，连词少用，文章讲究对称与和谐的完美。

如：Now，parents can have god — like powers over their children's online lives viewing everything the kids do as they surf or chat，and immediately stopping any activity that the parents is approve of.

译：如今，在掌控孩子们的网络生活上，父母简直具有上帝般无所不能的能力。他们可以看到孩子们网上冲浪或聊天的一切内容，并马上阻止任何他们不认可的行为。

按照西方人的思维，上帝是无所不能的，但在中国人心目中，就不这么认为。我们翻译时添加上无所不能，就能表达出原文的含义。

（四）表达习惯不同引起的翻译失误

科技英语当中，常用无生命的事物或抽象名词做主语，谓语由行为动词来做。而在汉语中，无生命的事物或抽象名词是不可用行为动词来做谓语的。翻译时要考虑汉语的表达习惯，否则就会造成语用失误。有时汉语和英语在特定的语境中都有着自己习惯的表达形式，在科技文章中经常使用若干特定的句型，例如被动态结构句型、分词短语结构句型等。

在翻译中，我们要注意区分英汉两种语言的不同表达，翻译才能准确地表达原文的信息和用意，减少语用失误产生。同时要灵活运用各种翻译方法和技巧，并非"硬译""死译"去完成翻译。

如：Heat from the sun comes to us by radiation.

误：太阳的热量通过辐射到达我们。

正：太阳通过辐射给我们以热量。

The engine has given a consistently good performance.

误：这台发动机一直给出好的性能。

正：这台发动机一直工作很好。

两句的谓语动词"comes to""has given"在误译的句子中，都被强行直译出来，结果译文意思很别扭。正确的翻译中，符合汉语的表达习惯，消除了语用失误。英语中完美的搭配如果直接移植到汉语中来，往往会产生语用失误。

（五）专业知识缺乏引起的翻译失误

科技英语翻译指文学、社会科学翻译以外的专业翻译，是结合某具体学科专业与语言学、翻译学等各种知识的综合性工作。科技英语内容广泛，涉及各个学科。科技翻译的基础是专业知识，对专业知识不了解，忽视专业知识与语言知识会直接影响翻译的顺利进行。没有专业知识做基础翻译会逻辑混乱，信息点表述不清，甚至发生翻译失误现象。

如：All the various losses, great as they are, do not in any way contradict the law of conservation of energy.

误：所有这些各种各样的损失，虽然很大，却并不都是和能量守恒定律有矛盾的。

正：所有这些各种各样的损失，虽然很大，但和能量守恒定律没有任何矛盾。

从语法角度讲，翻译完全正确。但只要稍有一点科技知识的人都知道能量守恒定律是无条件的，没有任何形式的能量损失违背这条定律。

三、克服翻译中语用失误的措施

（一）加强语言文化学习

语言能力、语用能力、交际能力和文化能力是相辅相成的关系，因此，在语言学习的同时也要加强文化学习，这是语言学习中不可分割的一部分。要做到有计划、有目的、有步骤地了解所学语言的国家的文化和风土人情。在翻译理解的过程中，要注意结合交际情景，原文的文化背景、推理习惯，充分理解原文意义，在翻译过程中要注意结合文化背景知识和读者的推理习惯来准确翻译出原作者的意图。翻译时要注意原文与译文之间的差异，避免导致译文读者对原文意思传达的含义异解或曲解，减少翻译中文化差异引起的翻译失误。

（二）提高自身的文化意识和文化素养

多接触所学语言国家的文化，了解他们的风俗历史、宗教信仰、思想价值观念等，培养文化意识，提高文化素养，把自己置于英语语言和英美文化中，以消除跨文化交际中翻译的障碍。

（三）加强科技英语教学和科技翻译教学

在英语课程教学安排中加入科技英语和科技翻译内容，讲授科技英语的特点、科技文章的写作风格、科技文章的用词特点和特有的构词方式以及科技翻译方法、科技翻译技巧等。

（四）加强英语知识以及科技知识与汉语知识的学习

科技英语翻译要求我们要有扎实的汉语语言功底和超强英语语言能力，同时也要精通科技知识，掌握科技发展的前沿动态。从事科技英语翻译的人需要具有相当程度的这三方面的知识，否则，就很难做好翻译，达到科技英语翻译的目的。

为了减少科技英语翻译中的语用失误，我们不仅要加强语言的文化学习，不断提高自身的文化意识和文化素养，加强科技英语教学和科技翻译教学等，还要了解科技英语翻译的独特特点，从而保证科技英语翻译准确恰当，做到既切合原文，又通顺流畅，让翻译达到预期的效果。

第四节　跨文化英语翻译中的文化意义

从翻译中的文化意义出发，进而揭示文化翻译的翻译策略。翻译中的文化意义既包括宏观文化意义，也包括微观文化意义。文化翻译的翻译策略包括图像、模仿、置换、阐释和淡化等。通过分析这些文化意义及其在翻译中的表现，得出文化翻译的翻译策略是一个开放的系统，从文化客体的翻译到文化自我的构建，就是文化翻译的辩证法。

语言是人们日常交际的工具，也是文化的载体，在人际交往和文化交流中扮演着十分重要的角色。英汉翻译是在英语原文意思基础上用汉语替代英语的活动过程。翻译结果既要符合原意，又要确保内容、思维完整。事实上，英汉翻译是一种跨文化的语言交流活动，它要求翻译者熟悉英语、汉语两种语言体系及各自的文化背景，了解它们之间的差异。只有这样，才能确保翻译的内容精准无误，也才符合接受者的实际需求。想要成为一名优秀的英语翻译工作者，必须了解跨文化视角转换。

语言和文化历来息息相关。语言是文化的载体，文化又推动了语言的发展。英国翻译理论家 Susan Bassnett 曾说：正如外科大夫在进行心脏手术时，不能不顾及身体其他部分；翻译在进行语言转换时，也不能不顾及文化。因此，翻译不仅是两种语言之间的词汇指称意义的转换，更是文化信息的传递。是否考虑到 SL 和 TL 中的文化因素，直接决定了译文是否忠实、流畅。因此，翻译本身就是一种跨文化的交际行为。

而任何一个国家的文化，从创始之初，就不可避免地受到外国文化的影响，"人类文化从整体来说，是各国、各民族文化汇聚、交流的产物"。文化交流必须借助翻译，在翻译的过程中，两种文化进行双向交流，既相互影响，也相互制约。翻译同时也反映了一定的意识形态，并在一定程度上影响着文化系统的发展。

一、翻译中的文化意义

跨文化翻译的目的在于翻译传递文化信息的文化意义。意义既是翻译的出发点，也是终点。文化意义有两个层面：①宏观文化意义；②微观文化意义。宏观文化意义指包括语法意义在内的所有文化信息；微观意义则关注语言的单词、词组、句子、段落和文化思维等层面。在进行翻译活动时，我们既要传递微观文化意义，也不能无视宏观文化意义，因为后者体现了语言的异质性。

（一）宏观文化意义

人类语言有同质性，也有异质性。跨文化翻译重点研究由于文化差异而表现出异质性。语法意义和词汇意义都是我们表达意义的手段，例如，在语法的层面上，宏观文化意义讨论如下问题。

1. 主语和主题

在汉语中，主语的主题性要比施事性常见得多。如：①胡大妈死了两只狗；②海水不可斗量；③三个月不到赚了 1000 元。在这三个句子中，"胡大妈""水"和"三个月"并没有施动，发出"死""量"和"赚"的动作，而只是引出句子的主题；真正的主语在动词之后，甚至隐含不出现。而英语是 SV（主谓结构）语言，因此以上句子的英译分别为：① Two of Aunt Hu's dogs died.（SV）；② The sea cannot be measured with a bushel.（SVA）/ Sea water is immeasurable.（SVC）；③ 1000 yuan is earned within three months.（SVA）。

2. 汉语中虚词的文化功能

汉语中存在大量虚词（function words），这也是体现汉语异质性的标志之一。例如在《离骚》中，除了最常用的"兮"之外，还有"之、以、于、夫、与、其、而、乎、此"等虚词。

（二）微观文化意义

微观文化意义不关注语法意义，而是关注单词、词组、句子、段落等层面的意义。这也是本节的研究重点。语言的微观文化意义通常由四种方式体现，即象形、映射、折射、暗示。

1. 象形

象形是一个单词形成文化意义的最基本方式，它可以直接描述该单词所指代实体的形象。中国的象形文字就属于这种方式，如古文字"刀""弓""血""鼎"都可以从字形看出实物的原型。但是在现代汉语和英语中，这种体现文化意义的方式已经很少见了。

2. 映射

映射表示不同地域、人种、阶层、职业的文化特征间接反映在语言的不同层面上，从而产生文化色彩。通过映射，文化可以影响语言的发音、词汇、语法等，使得它们具有鲜明的文化特色。

以英语发音为例，美国黑人的音素有着明显的文化特征。例如，在 "the，then，that，those，these" 这些词中，"th-" 的发音接近于辅音 /d/ 而非 /θ/，然而在 "with，both，birth，fruth" 这些词中，即 "th-" 位于词尾时，它的发音又近似于 /f/。在美国黑人的发音中，另外一个值得注意的音素是 /r/，它往往被省略掉。如 during 被发成 /duiŋ/，而 star 的发音是 /stah/。社会学家 W.Labov 曾经做过一项著名的关于音素 /r/ 的调查，调查显示，一个人所处的社会阶层越高，/r/ 的发音就越明显。

词汇中的文化色彩也可经由折射反映出来。例如，在 the macaroni club 这个短语中，macaroni（通心粉）源自意大利语，在 18 世纪中期，它被视作昂贵的美食，所以 the macaroni club 也具有了附加的文化含义，指代上流社会的某个群体，翻译成"浮华世界的浪荡公子小圈子"。再如 bog trotter 一词，bog 意为"沼泽"，爱尔兰是一个多沼泽的国家，因此该词被用来指代"爱尔兰人"。类似地，someone straight from the bog 指的是"货真价实的爱尔兰人"。而在短语 march to the beat of a different drummer 中，西方有游行时击鼓的习俗，若有人不跟着鼓的节奏前进，便是一个"不随大流、不随波逐流"的人。从以上例子可以看出，短语是映射文化色彩的主要语言层面，被映射的短语的文化含义可以通过分析字面意思（literal meaning）得出。

3. 折射

在折射中，语言的文化背景和真实含义之间的距离更加遥远，很多短语已经不能通过字面意思来解释了，而要用到另外一些方法，如推理、延伸、演绎等。例如，在 Paddy wagon 中，Paddy 源自爱尔兰人的名字 Pad rick，而在美国工作的爱尔兰人后裔中，很多人在警察系统工作，所以，Paddy wagon 就有了"囚车"这一微观文化意义。再如，the ghost walks 并不是字面意思所传达的"有钱能使鬼推磨"，这一短语的文化意义来自莎士比亚的《哈姆雷特》。在 19 世纪的曼彻斯特，一个莎士比亚剧团不付给演员工资，演员便计划罢工。在出演《哈姆雷特》中鬼魂现身一幕时，扮演鬼魂的演员喊道："No, I am damned if the ghost walks any more until our salaries are paid."《世界图书词典》（*The World Book Dictionary*）据此给出例句：This is the day the ghost walks（今日发行）。因此，the ghost walks 通过间接折射获得其文化含义：发放薪金。

不仅英语如此，在汉语中也存在着大量俚语、习语、成语，通过折射获得其微观文化含义。

4. 暗示

通过暗示获得的文化意义最间接隐晦，语言的文化背景和真实含义之间的距离也最遥远；因此，词汇或短语的文化意义往往和字面意义大相径庭。

例如，在英语中存在着很多表达英国人对苏格兰人和爱尔兰人的负面情感的说法，not give a rap 即是一例。rap 是爱尔兰的古代货币单位，面值仅为便士的八分之一，因此被用来指代毫无价值、不值一提的东西，所以该短语可以翻译为"毫不介意"。再如 ballyhoo 一词，源自爱尔兰科克郡的一个村庄名称，该村庄的村民经常酗酒取乐，所以 ballyhoo 被用来指责那些骗子和吹牛者，译为"鬼话连篇"或"自吹自擂"。如果我们不知道这些说法后面的背景故事，就无法正确理解和翻译它们的文化含义。

二、跨文化翻译策略

跨文化翻译中的策略有很多，最常见的有图像、模仿、置换、阐释、淡化等。

（一）图像

图像指通过直接感官来翻译文化含义，包括图片、形式、图案等手段。例如中国功夫的一招一式都有其独特名称，如果仅凭文字翻译，恐怕还是不能直观展示这些招式的含义；如果辅以图片，则其形象就一目了然。

（二）模仿

模仿是在翻译时尽量模仿源语的文化含义，即通过直译来保留源语的文化含义。它借助人类共同的通感，在两种语言文化之间起到了互相联系和补充的作用。因为忠于原文，模仿也一直是跨文化翻译的主要手段。比如，太极拳中的基本姿势名称即可通过这一策略来翻译：

虚步 empty step ；双手勾 hook hands ；提膝 bring up knee ；弓步 bow step ；金铰剪 gold scissor's winding ；盘腿跌 side way falling on a twisted leg。这样，通过模仿翻译，太极拳招式的原汁原味得以最大限度地保留。

但是，在使用模仿策略时，也要注意两条原则。第一，尽可能简洁。通常来说，好的翻译总是简短而准确的，如果模仿翻译造成了冗长累赘的译文，则不宜采用。例如，"湘河甘糖水鱼云裳裙边煨细皮五花"是湖南省的一道菜肴名称，长达 15 个汉字，尽管原名含有浓重的地方特色和文化风味，但在翻译时还是应尽量简洁易懂，如"calipash and calipee"（甲鱼裙边）便是在尽量少牺牲文化含义的前提下的通达译名，因"甲鱼""裙边"本身就很有中国文化特色。第二，注意语言恰当。如果直译译文和源语不协调甚至产生歧义，也是不可接受的。

（三）置换

置换是一种更开放的体系，有着无尽可能性，它主要通过改变源语的遣词来达到翻译目的。请看下例：

He that lies down with dogs must get up with fleas.
a. 与狗在一起睡的人身上必定有跳蚤。 b. 近朱者赤，近墨者黑。

Love me, love my dog.

a. 爱我，就爱我的狗。b. 爱屋及乌。

between cup and lip.

a. 杯唇之间。b. 功败垂成之际。

Let them eat cake.

a. 让他们吃蛋糕好了。b. 何不食肉糜?

以上各句中，a 译为模仿，b 译为置换，不难看出，置换译法在此处更合适、自然，也更符合汉语习惯。

（四）阐释

阐释是通过解释说明的方法来化解源语中的文化障碍，也是"不可译"时的策略。它通常使用句子，而非词或短语，来解释说明文化内涵。例如，中国古代哲学中的"阴"和"阳"，因概念抽象，可以通过阐释的方法进行翻译: yin : an inactive force derived from the activity which reaches its climax（动极而静，静而生阴）; yang : a force derived from the dynamics of the Great Ultimate brought into action（太极动而生阳）。

阐释不仅可以传达文化内涵，也能帮助消除不同语言之间的文化差异和障碍。再看这首李白的《玉阶怨》:

玉阶生白露，夜久侵罗袜。却下水晶帘，玲珑望秋月。

埃兹拉·庞德（Ezra Pond）在翻译这首诗时，就增加了很多解释的部分（见 NOTE）:

The Jewel Stairs' Grievance

The jewelled steps are already quite white with dew,

It is so late that the dew soaks my gauze stockings,

And let down my crystal curtain,

And watch the moon through the clear autumn.

NOTE : Jewel Stairs, therefore a palace.Grievance, therefore there is something to complain of.Gauze stockings, therefore a court lady, not a servant who complains.Clear autumn, therefore she has no excuse on account of weather.Also she has come early, for the dew has not merely whitened the stairs, but has soaked her stockings.The poem is especially prized because she utters no direct reproach.

（五）淡化

淡化是去掉源语中的文化含义，也是跨文化翻译的终极手段，它被广泛用于习语翻译和文学作品翻译;诚然，淡化会造成一些形象化比喻的缺失，但也是"没有办法的办法"[7]。以下汉语表达就是"比喻性习语 + '办法'"的结构:

7　黄鹂鸣 . 功能对等视角下英语体育新闻汉译策略研究——以美职篮英语新闻为例 [J]. 新闻研究导刊，2017，8（08）: 280-281.

蚂蚁搬家的办法（do sth.）in a small way

打铁趁热的办法 lose no time in（doing sth.）

一刀切的办法（do sth.）indiscriminately

打一枪换一个地方的办法 change one's way every time（he/she dose it）

以上翻译采用淡化的策略，固然丧失了源语中形象的比喻，但如果采取模仿"硬翻"，则显得不伦不类；而采用置换，又很难在译出语中找到现成的对应比喻。因此，淡化也不失为减少累赘和别扭感的有效策略。

翻译一定会涉及对宏观文化意义和微观文化意义的理解，通过分析文化意义在翻译中的体现，我们可以找到更多的翻译策略。由于翻译中的文化信息是由人来解读的，翻译策略也是一个开放的体系，对人本的关注，将有助于实现从文化客体的翻译到文化自我的构建，从而使我们更深入地研究翻译中的文化信息，并将翻译提升到审美的高度。

第五节　跨文化文学作品翻译的人际意义

优秀的文学作品通过翻译在全世界广泛流传，以飨各国读者，文学作品的翻译也就承载着实现作者和目的语读者之间的跨文化交际的重任。从功能语言学的一个重要的概念——人际意义的角度考察文学翻译作品，可以发现人际意义的成功传译对译文的质量起着决定性的作用。Halliday 的功能语言学将语气和情态作为构成人际意义的主要成分。随着系统功能语言学的发展，人际意义的理论框架得到不断的完善，许多实现人际意义的形式为人们所认识。以系统功能语言学的人际理论为基础，在语气、情态、评价和称谓语四个层面对文学作品翻译中人际意义的跨文化建构问题进行描述和解释，对文学作品的翻译将有所启示。

功能语言学把语言看成社会符号系统和意义系统，它将语言的功能概括为三大推理功能：概念功能、人际功能和语篇功能。这三个功能是语言意义的三个方面，在交际中同时发挥作用。Halliday 曾指出，他建构功能语法的目的是为语篇分析提供一个理论框架，这个框架可用来分析英语中任何口头语篇或书面语篇，其中也包括译作。其实，翻译也就是在译入语中建构连贯的语篇将原语篇所表达的概念意义和人际意义现实化的过程。虽然概念功能承载了文学作品的主要内容，但人际功能的成功传译无疑对译本的质量起着至关重要的作用，因为文学作品中的人物刻画以及其中复杂的人物关系都体现于语言的人际功能之中。

一、人际意义概述

语言除了传递信息、表达概念意义之外，还具有反映交际角色并表达讲话者身份、地位、态度、推断、评价和协商等的人际意义。例如：

Might I ask you if you could recommend a couple of nice books on taboo language?

显然，这句话的内容，亦即概念意义，是请求对方推荐几本关于禁忌语的书，但是"Might I ask you"是用来跟对方礼貌地协商，而不是谈论客观世界中的事情，"could"也并非指"推荐"这一行为本身，而是指说话者对受话者"推荐"的可能性所作的判断和估计，"nice"表达了说话人对禁忌语这一类书的判断或看法，这些都属于人际意义的范畴。除此以外，说话者选择了疑问句来表达人际意义，而不是祈使句或陈述句。这句话的概念意义和人际意义分析如下：

内容（概念意义）：[I ask you]you recommend books on taboo language.

互动（人际意义）：Might I ask you if could nice?

如前所述，这句话的概念意义是请求对方推荐几本关于禁忌语的书，其英语表达形式还有多种选择，在此不一一赘述。选择就是意义。在众多语言潜势中，说话人采用何种表达方式，其中有出于语篇衔接的考虑，但更多的是考虑人际意义表达的需要。因此，人际意义是整体意义中的一个非常重要的方面，在翻译中应尽量传达，使译文读者对原文的语言特征和文化特色有所了解。

在 Halliday 的功能语言学中，语气和情态是人际意义的主要成分。人际意义中的语气系统承担着小句作为交流事件的功能，从而使得语篇具有了对话性，受话者对命题的有效性可以表示接受或提出异议。情态是讲话者对自己所讲的命题的有效性和实施可能性的判断，情态的高、中、低三种量值分别代表命题的不同意义。

随着功能语言学的发展，人际意义的理论框架不断完善，许多实现人际意义的手段为人们所认识，如语气、人称、态度、评论、词汇语域、时态和语调系统。我们讨论人际意义时应该超越小句的限制，不仅把人际意义理解为作者和读者之间的关系，也理解为作者的话语中的多种声音和读者的关系。在文学语篇的翻译中，交际事件不仅涉及作者和读者，还涉及译者和目的语读者的关系，因而建立语篇人际立场的一个重要策略就是巧妙地安排显性的和隐性的评价，从而使译文读者能同意译者对文本的重建。称谓语是小句的剩余部分，可以直接反映讲话者与受话者之间的人际关系。

好的译文应该同时实现原文的概念意义、人际意义和语篇意义。由于语言和文化的差异，有时候译语不可能完全忠实、对等地再现原文的所有意义。鉴于人际意义等值是实现译文与原文总体等值的一个重要方面，本节拟从系统功能语言学出发，研究文学作品的翻译如何通过语气系统、情态系统、称谓语和评价实现人际意义的跨文化建构。

二、文学作品翻译中人际意义的传达

（一）语气系统与人际意义的跨文化建构

功能语法把语气作为人际意义的主要成分。不同的语气分别执行不同交际功能，表达不同的人际意义。语气作为人际意义的"句法"具有互动的基础，说话人为自己选取了一个言语角色，也为听话人分派一个互补的角色，每一个话步都是通过语气的选择来实现小句的 4 个言语功能——提供、陈述、命令、提问。例如，陈述句通常表示陈述，疑问句用来提问，祈使句表示"命令"；而"提供"则可以通过各种句式来体现，如陈述句、疑问句或祈使句。语气的选择有建构身份的作用，选择因文化差异而呈现动态过程，译者为了正确再现作者本意，可能在翻译中改变原作的语气。例如：

（1）你若不嫌少，就暂且先拿了去吧。

译文：Take this for the time being to make some cloth....

（2）天也晚了，也不虚留你们了，到家里该问好的问个好吧。

译文：Give your regards to everybody who ought to be remembered when you come back!

（3）Please tell me about it and you can explain what I don't understand.

译文①：我不懂的地方你解释给我听；译文②：我不懂的地方你可以解释嘛！

译者在产出译文之前必须识别原文的语气类型。例（1）和（2）的情景语境是刘姥姥初进荣国府拜见王熙凤。王熙凤对刘姥姥说话时语气是轻软的，态度是热情的。但语气词"吧"的连续使用则有效地体现了双方人际互动中的不同身份，故而霍克思用了祈使句来翻译这两句话，这样译文就执行了王熙凤命令和要求别人按其意愿办事的言语功能。如果译者一味遵从原作的陈述语气（直译），则无法刻画凤姐的冷漠和高傲，也无从体现她高高在上的权势和地位。同样地，例（3）的译文②和原作的语气也不对等。这是《飘》中女主角 Scarlet 对其准妹夫 Frank 所说的一句话。Scarlet 得知 Frank 事业小有成就之后立即动了勾引他的心思，因此她跟 Frank 说话时总是温言细语，体现女性的娇柔和妩媚。比较译文①和译文②，很明显可以看出译文①的语气虽然跟原文相符，但显得生硬，还带有命令的口吻，这跟原作是大不相符的。而译文②以感叹句式取代祈使语气，女性身份的娇俏跃然纸上。

（二）情态系统和人际意义的跨文化建构

情态系统与语气系统一样，也是人际意义的重要组成部分，表达了对命题的"态度"。情态系统是介于肯定和否定两极之间的意义领域，它的高、中、低三个值明晰了交际主体间的人际关系。情态的表达形式有多种，如情态动词 can、may、must、will、would、should 等，副词 certainly、probably、likely 等，形容词 certain、possible、probable 等及其名词化形式 certainty、possibility、probability 等。情态也可由小句来表达，即 Halliday 所称的"隐喻"，如 I'm certain、I think、I'm sure、I suppose 等。所有这些词或小句都带有说话者对信息的倾向和态度，他们涉及断言、犹豫、承担责任、冷漠及其他一些人际意义的关键方面。

语气属语法范畴，情态则属语义领域。情态的合理使用一方面可以表达说话者的态度，使提议更具商讨性和说服性；另一方面也体现出交际双方的地位和权势。例如：

（4）你总应该知道如何对她讲。

译文①：I am sure you know how to put it to her.

这是戏剧《家》中克明对觉新说的一句话，如直译②：You should always know how to put it to her，似也未尝不可。但译者选择了主观隐喻的方式来表达克明的发号施令。主观隐喻（I'm sure）通常把个人观点装扮成客观肯定性和必要性的不同方式，表达高值概率或义务两个译文都做到情态值与原文对等，均为高值情态，但译文②仅表达出觉新这个晚辈应尽的义务，没有表明这更是克明作为长辈的中肯的意见。译文①恰恰刻画出克明喜欢支配觉新但又不忘表现其慈爱的惺惺作态，同时更反映出封建家长制长辈至高无上的地位。可见，对情态意义的理解只能结合具体语境加以判断。又如：

（5）繁漪：（反抗地）我不愿意喝这种苦东西。

译文①：（protesting）：I won't touch it-it's too bitter.

责任型情态值的选择往往与身份、地位等权势因素有关。在不平等的地位关系中只有权势高的说话者才适合用高值责任性情态词，相反，权势较低的说话者则会选用表示倾向的情态或表示抵制的可能性的情态。本句的"不愿意"表达了繁漪对丈夫周朴园让她喝药的温婉的拒绝，属低值情态，而"won't"是中值情态词，对命题反对的色彩更为强烈[8]。情态值的不对等造成译文①人际意义的缺失，因为英语读者不能判断繁漪在封建家庭中从属于丈夫的低下的地位。为了再现原作的人际意义，笔者不揣冒昧，将此句译为②：I do not like it-it's too bitter. 笔者认为，表示倾向的情态"I do not like"更符合繁漪的身份和地位。

（三）评价系统和人际意义的跨文化建构

评价理论把评价性资源依语义分为三个方面：态度、参与和分级。其中，态度包括情感、判定和鉴别，是核心系统；情感是说话人对现象采取的姿态的最明显的表现；判定系统是依据社会道德和规范来评论人的行为，得出肯定或否定的判断；鉴别是在"社会价值"的子范畴下根据各种社会常规来评价物体、产品和过程，依据的是特定领域内评价的方式和标准。

语言的评价意义与译者的价值取向密切相关，张美芳对此有深入的研究。她的研究从原作者与译者的评价标度是否一致、译者在翻译的过程中应该增加还是删减原著的评价意义等方面进行了概括性的探讨。要成功地再现文学作品的评价意义，实现人际意义的跨文化建构，译者应该对原作的评价资源做相应的增加或其他改变，例如：

（6）会嫁的嫁儿郎，不会嫁的嫁田庄。

译文：A wise woman marries a good man, while a stupid just property.

对照原文与译文，我们可以发现，对于"儿郎"一词，译者不是简单将其译作"man"，而是译为"good man"。通过增加判断资源"good"，译文更好地传达了原文的人际意义。

---

8 余炫朴. 尤金·奈达的"功能对等"翻译原则在商务英语翻译中的应用考量 [J]. 江西师范大学学报（哲学社会科学版），2014，47（05）：140-144.

当原作者与译者的评价标度不一致的时候，译者应该以自己的评价标度去传达原著中的评价意义。例如：

（7）...yet，as it sometimes happens that a person departs his life，who is really deserving of the praises the stone-cutter carves over his bones；who is a good Christian，a good parent，a good child，a good wife or a good husband；who actually does have a disconsolate family to mourn his loss；...（ W.M.Thackeray，Vanity Fair ）

译文：不过偶尔也有几个死人当得起石匠刻在他们朽骨上的好话，他们真的是虔诚的教徒，慈爱的父母，孝顺的儿女，贤良的妻子，尽职的丈夫，他们家里人也的确哀思绵绵地追悼他们。

从字面上看，原作者和译者的评价标度是一致的，即都可笼统地理解为"好"字。实际上，原作者心中对这五个理想角色有更具体的评价。如果译者遵循"忠实"的原则，将其译为"好教徒，好父母，好儿女，好妻子，好丈夫"，则大大降低了这五种理想角色在汉语读者心中的可信度。杨必先生没有拘泥于原作的评价标准，依照自己的评价标准用五个不同的词来评价这五种不同的理想角色：虔诚的教徒，慈爱的父母，孝顺的儿女，贤良的妻子，尽职的丈夫。这样具体的评价使"好教徒，好父母，好儿女，好妻子，好丈夫"的形象更加鲜明，给人的印象也更加深刻。可以说，译文既符合汉语读者的价值取向，也"忠实"于原文的评价意义，不愧是翻译的精品。

（四）称谓语和人际意义的跨文化建构

"通常在小说中某些特定的词语如称谓语往往具有丰富的内涵意义和一定的民族文化特性"。在中英两种文化系统中，称谓语存在着较大的差异，如英语中亲属关系的相对年龄在语言中没有表现，姻亲的称谓都不做区分，而且这些称谓也不在英语中表现出来。所以，译入语系统中选择合适的表达方式体现源语称谓语的人际功能是译者经常面临的难题。试看下例：

（8）探春忙道："姨娘这话说谁，我竟不解。谁踩姨娘的头，说出来我替姨娘出气。"

译文①："Whom are you accusing，Madam？"asked Tanchun."I don't understand，who's trampling on your head？If you'll tell me，I'll take your side."

译文②："Who are you complaining about？" said Tanchun."I really don't understand you. Who's been trampling on you？If you would tell me，perhaps I might be able to stick up for you？"

译文①和译文②有个明显的区别在于对"姨娘"这一称谓的不同处理。译文①用Madam，而译文②直接译成 you。笔者认为，译文①的 Madam 既表明了探春和赵姨娘的母女关系，同时也表达了探春对其生母的尊重。实际上，原作三个"姨娘"连用还有更深刻的内涵：希望赵姨娘顾及身份，注意场合。译文①用一个 Madam，其余则用 you 也没有完全传递原作复用"姨娘"所产生的人际功能。而译文②仅用代词 you 只能表现交际双方的互动，更不能承载"姨娘"在原文文本中的语境含义和交际含义。

　　运用系统功能语言学中的人际意义理论对文学作品的翻译所作的评论是对人际意义跨文化建构进行系统研究的一种努力。综上所述，充分表明人际意义是文学作品翻译中必须考虑的一个重要因素，也是译者最具挑战的方面。在文学作品的翻译中实现人际意义的绝对等值是不可能的，译者只能采取灵活的措施以实现人际意义的相对等值。

第六章 跨文化视角下的英语翻译对策研究

第一节 跨文化视角下法律英语的翻译

　　法律翻译是一种专用的翻译。随着经济全球化的发展尤其是在中国成功加入世界贸易组织之后，越来越多的译者认识到了法律英译的重要性。本节旨在分析法律英译过程中存在的问题，并指出法律英译应遵循的准则和参照标准。在法律英译的过程中，译者必须对法律术语的翻译问题、普通词汇的翻译的问题、语句及语篇成分的安排问题、法律文本翻译的风格问题以及法律法规翻译的统一问题等给予足够的重视，合理处理这些问题。为了达到翻译的准确性及合理处理法律英译中的问题，译者在翻译过程中要遵循将法律的表达作为主要目标，要尽量遵从法律英译的表达规范，译者要积极参与到翻译过程中，发挥主观能动性，要重视翻译诸因素的相互作用。同时，译者还要根据法律法规英译的参照标准，做到法律文本的译文要能够完整体现原文，要符合原文精神，更重要的是要符合法律目标，总之，法律英译要能准确表达原文，因此，译者在翻译过程中要依照法律英译的原则，合理处理法律英译过程中的问题。

一、法律语言的特点分析

　　法律语言是一门特殊的语言，有其自身的特点。国内外学者对法律语言的特点都进行了一定的总结。

（一）西方学者对法律语言特点的归纳

　　西方学者梅林柯夫（Mellinkoff）不但是世界范围内较早研究法律语言的学者之一，也是对法律语言进行研究的专家之一。1963 年，梅林柯夫发表了法律专著《法律的语言》一书，这部法律专著被视为研究法律语言的经典著作之一。根据梅林柯夫的观点，"the law is a profession of words"（法律本身就是语言的专业或者法律是一项措辞的职业）。换句话说，法律是由语言写就的。如果对法律语言的研究不清楚，就很难理解其背后所体现的法律意义。梅林柯夫还认为法律语言的特殊，并不仅仅是因为其使用了大量的法律术语，更是因为法律语言中，普通的词语往往表达的是特别的意义。梅林柯夫关于法律语言特点的观点被许多学者认可。西方社会语言学家 Shuy 还指出，法律条文、法律文件以及官场语言之所以难以被人们理解，一个最重要的原因就是其违反了人们使用语言的习惯，比如对名词的重复等。

（二）中国学者对法律语言特点的归纳

20 世纪 90 年代以来，关于法律语言特点这一方面，中国学者出了好几本关于法律语言的专著。一般而言，中国学者的著作多是注重研究法律语言本身，主要包括司法语言和立法语言。立法语言主要是以书面语言为主，司法语言以法庭用语为主。中国学者对法律语言的研究特点是比较细致，也比较全面的，从字、词、句等不同角度进行了深入研究和探讨。有些学者甚至对立法语言中的标点符号进行了细致研究，指出法律条文里面不应该使用感叹号。另外，以对句子的研究为例，中国学者从句子的结构，到句子里的每一个细节，都进行了深入的研究。

二、跨文化视角下法律翻译面临的问题

（一）法律英译中的术语问题

一般情况下，不同的法律语言都有不同系列的专用术语，其专用术语对相应法律语言起了固化作用。因此，法律专用术语与其他类型的词语是不同的，法律术语要能够体现法律体系的典型特征。英汉词语之间的不对应性也成了法律法规翻译的难题之一。例如，法律汉语中的"等额选举""差额选举""统筹安排"等专业术语在法律英语就很难找到相对应的术语。同时，在法律英语中，也有很多法律术语在法律汉语中找不到相对应的词语，例如"alibi, tortfeasor, lobby, ombudsmen, equity, sheriff, Hansard, mandamus, solicitor, recorder"等，对于这些没有对应的词语，译者在翻译的过程中，往往采用意译的方法。使用这种翻译方法能够传递法律术语的含义，但是却不能完整表达这些术语原有的相对固定的概念。

（二）法律翻译在语句以及语篇成分安排方面的问题

受文化差异的影响，法律汉语与英语之间是必然存在差异的。汉英语言之间的差异导致在翻译法律法规的过程中，可能会出现语篇语句成分安排方面的问题。例如，译者在对法律汉语翻译的过程中，或许会出现语句紊乱的问题，对法律英译产生不好的影响。例如，汉语法律法规"未经审批管理机关批准，擅自转让探矿权，采矿权的，由登记管理机关责令改正，没收违法所得，处十万元以下罚款，情节严重的，由原发证机关吊销勘查许可证，采矿许可证"。其所对应的英语翻译为"Whoever without authorization, transfers exploration rights or mining rights without approval of the examining and approving agency, shall be ordered to make amends by the Registration agency, have confiscated its illegal gains and be imposed a fine of not more than 100,000 yuan ; then circumstances are serious, the original licensing agency shall revoke the exploration license or mining license."在对汉语法律

进行英译的时候，译者没有承接上文的主题，还在分号处进行了转换，这样翻译不仅不符合原文，与法律英语的一般习惯也是有差别的。

（三）法律法规翻译风格的选择

当前，很多译者在翻译汉语法律的过程中，他们往往过于重视原文风格的保留，也就是说，汉语法律原文的风格在英译过程中是非常明显的，这就造成法律英语的特点不够明显。虽然法律汉语有很明显的法律问题特征，但是其在表达意义方面却是简单，直接，明了，这与普通汉语的特点是很相似的。然而，法律英语与普通英语是有着明显区别的，这也意味着如果译者过于重视法律含义风格的传播，就可能导致译文不是法律英语，而仅仅是普通英语。例如，"第八届全国人民代表大会常务委员会第十三次会议审议了《国务院关于提请审议财政部发行特别国债补偿国有独资商业银行资本金的议案》。其对应的英语翻译为"At its 13th Meering, the Staning Committee of the Eighth National People's Congress discussed the Proposal of the State Council for the Issue of Special Government Bonds by the Ministry of Finance to Supplement the Capital of the Wholly State-owned Commercial Banks." 在英译中，译者把"审议"一词翻译成"discussed"是不合适的，因为"审议"在文中是相当严肃，相当慎重的，而这样翻译则与原文的准确性和风格有很大出入。

三、译者翻译过程中应遵循的原则

受文化差异的制约，译者在翻译法律法规的过程中，是要遵循一定翻译原则的，主要包括，译者翻译的主要目标是对法律的表达，译者在翻译过程中要发挥自身主观能动性，要注意遵守法律英语的表达规范，并重视翻译过程中积极因素的作用。

（一）法律翻译的目标是对法律的表达

学者 Sarcevic 在研究法律翻译中，曾经提出"要制作能在实践中导致同样效果的文本，译者在翻译过程中，必须能够理解词语和句子的意义，并且理解法律文本应有什么效果，怎样在另一种语言中达到这一法律效果"。Sarcevic 的观点主要适用于平行法律文本，但是具有较高权威性的非平行法律文本也是适用的。

（二）译者的英译要尽可能遵从翻译英译的表达规范

语言是文化的载体，法律语言体现着法律文化。因此，译者翻译过程要考虑的另一问题就是法律语言。因此，译者要想比较准确地传递法律文书的意义，产生一定的法律效果，例如，要想使译文得到读者的理解，认同，得到合乎立法者意志的正确使用，译者在翻译过程中就要遵从一定的原则，诉诸一定的手段，通常情况下，最主要的就是译者要使用读者能够理解并且可熟知的语言，即法律英语。

（三）译者积极参与，重视翻译诸因素的相互作用

在翻译过程中，译者要对法律文本进行协调、阐述、决策，还要充分发挥主观能动性，

了解翻译过程中各因素之间的相互作用。也就是说，译者不仅要对原文和翻译给予足够重视，还要注意原文作者、原文语言、法律原文、译文语言以及对法律的表达等不同方面，能够做到准确传递法律的含义。

中国在加入世界贸易组织以后，中国政府为了适应 WTO 在透明度方面做出了承诺。然而，在加入世界贸易组织以前，中国法律法规的制定和翻译就已经开始，法律法规翻译在法律术语翻译、其他词语翻译、语句以及语篇成分的安排问题、法律法规翻译风格、法律法规翻译统一性等方面是存在问题的。因此，译者在对法律法规进行翻译的过程中，要遵循一定的原则，确保法律文书通俗易懂，并取得良好的效果。

第二节　跨文化视域下英语翻译中的同化和异化

一、英语翻译中的同化

在英语翻译过程中，考虑到不同的文化之间具有相通性，因此可采用"同化"翻译方法。以文化角度为出发点，使读者放在译文的第一位，通过认真分析源语信息的意图，为读者提供精确的原文翻译。从本质角度来看，译文实际就是与源语信息最贴近的内容。在翻译过程中，强调"动态对等"原则，也就是保持一致的功能性，要求译文表达方式与自然相符，并将源语行为纳入读者文化范畴。从语言结构或者表达技巧的角度来看，一般情况下，语言中对具体生活现象进行描述的词组具有相通性，因此可以在不同的文化之间进行对等转换。

例如，"Better late than never"直接翻译的意思为：迟做总比不做更好，这与"亡羊补牢"的意思相同；"It rains cats and dogs"，直译为"现在正在下着大雨"，可形容"大雨滂沱"。又如，"I love my love with an E，because she's enticing；I hate her with an E，because she's engaged；I took her to the sign of the exquisite，and treated her with an elopement；her name's Emily，and she lives in the east"，可以直接翻译为"对女孩既有喜爱之处，又有憎恨之处"；短语"Do in Rome as the Romans do"，直译为"到了罗马就做罗马该做的事"，也就是遵守当地的风俗习惯，意思是"入乡随俗"。另外，英语的一些表达方式可以通过中文直接翻译或者以成语来解释，反过来也可遵循同化原则，将中文翻译为英语。例如，"木已成舟"可翻译为"What is done cannot be undone"（已经做的事就无法消失了），熟能生巧可翻译为"Practice makes perfect"（因为练习而完美），等等。

可见，在英语翻译过程中遵循"同化"原则，既要确保中英文表达习惯的一致性，又要保留原文独特的文化意味，并且注重与译入语的文化规则保持一致，以此提高翻译的精准性。如果能够在翻译过程中采用带有文化色彩的语言进行翻译，则能够更好地表达原文意思。否则，如果翻译人员根本不理解原文的深刻内涵，对文化层面也一知半解，那么在翻译中就可能出笑话。例如，"cross/pass the Rubicon"，如果直接翻译成"交叉穿过卢比孔河"，显然读者难以理解其中含义。如果用"break the caldrons and sink the boats"来代替，翻译为"破釜沉舟"，既能精确表达意思，又便于理解，读起来也朗朗上口。

二、英语翻译中的异化

不同的文化背景，再加上地理、历史、经济、社会等诸多因素的影响，不同的国家、民族的文化特征各不相同。在英语翻译过程中，如果一味地使用"同化"原则，难以实现文化之间的对等交流，因此，在"同化"的基础上还必须运用"异化"方法，使读者既能领略异国风情，又能在潜移默化中接受不同的文化理念，加深对原文语境的理解。采取同化翻译方法，将语言中原本含有的不同文化成分直接转化为其他的语言文化，以便读者深入了解，与自己熟悉的内容进行对比，但是在这一过程中失去了一些信息的附加意义；如果完全采取同化翻译的方法，那么读者在阅读过程中仅仅回顾了本土的民族文化，失去了对其他国家、民族文化的认知与鉴赏机会。因此在英语翻译过程中恰当地引入"异化"要素，还原异国文化，能更好地使读者实现阅读目标。翻译人员应在遵循基本翻译原则的前提下，展开合理的想象，将异国文化恰到好处地表现出来。

在英语翻译过程中运用"异化"原则，必须深刻理解原文，否则会对原文意义有所误读，甚至翻译得"面目全非"。例如，我国四大名著之一的《水浒传》，由美国作家赛珍珠进行翻译。由于其过多地采用同化方法，很多地方企图忠实于原文，结果背道而驰，完全不能表达真实含义，让读者感到云里雾里。如《水浒传》中涉及"江湖上的人"，赛珍珠将其翻译为"men by river and lake"（站在江边或者湖边的男人），很多外国读者不明其意，不仅读起来觉得不通畅，也无法真实领会全文意思。如果翻译成"Robin Hood"，即罗宾汉、（罗宾汉式的）绿林好汉，就能让读者理解其中意味。另外，以语用角度为出发点，异化翻译也非常重要。一方面，在汉语行为动词以及心理动词中，可采取"多对多"的混用方法；另一方面，在文化传播过程中，应注意避免由立场标记而形成的错误使用，如果立场标记处于错误位置，也会出现运用上的偏差。因此对译文进行辨析性、系统性了解，非常重要。

在跨文化视角下，在英语翻译中运用"异化"原则，就是将原文中的语言、文化等转化为译文中的语言或者文化。这样，在译文中也注入了一些新的元素，增加了异质文化中的信息。在英语翻译中，通过不同文化、不同语言的渗透与交流，可更好地实现文化融合，同时通过具体的语言翻译呈现出中西方文化差异，更能提高译文的精确性、贴切性，更好地传神达意，让读者领略异国文化特色。例如，"Time is money"这句名言，如果将它异化地翻译为"时间就是金钱"，能体现美国人具有极其强烈的时间观念；如果同化翻译成"一寸光阴一寸金"，则感觉色彩不够强烈。同样，"paint the lily"如果异化地翻译为"给百合花上颜色"，就可切实地传达文化内涵。从美国基督教历程来看，百合是非常重要的一种花朵，在西方人的思想中，百合就是"纯洁无瑕"的象征，因此"给百合花上颜色"，也就是弄巧成拙。虽然也可用成语"画蛇添足"来表达其中含义，但是英语文化特色就难以表现出来，此处采取"异化"翻译则更贴切。

综上所述，语言作为文化的重要组成部分，是文化的重要载体与传承者。由于中西方文化差异客观存在，翻译人员必须充分把握中西方文化差异，合理运用"同化"与"异化"原则，才能更为精准地翻译，顺利达到交流的目标。

第三节　跨文化视角下英语翻译的词类转换技巧

如何做好两种语言词类之间的转化，需要进行深入的探讨，从而达到英语翻译目标。例如，李丽和王倩关系一直不好。令她们尴尬的是，她们将要在同一个班级上课。译为：Li Li and WangQian didn't get along well with each other.It was embarrassing that they were to study in the same class. 通过这样的翻译，能够增强翻译的质量，使其语句更加通顺，意思更加明了。

一、跨文化视角下英语翻译词类转换的重要性

不同文化背景的文学作品在进行英语翻译时需要采用不同的技巧，英语词类转换作为重要的翻译技巧之一，翻译人员在翻译过程中需要做好相应的转换工作，这样才能够达到翻译目标，使得翻译作品与原文更加贴切。比如在进行英语翻译名词转换时，每句英语中都会包含一个谓语动词，这样就导致动词名词化的现象比较多。但是在汉语语句中就没有英语动词的限制，所以在进行翻译时，翻译人员就可以将汉语中的印象、地位、特点、态度、定义等名词转换为英语语句中所对应的词语。这样不仅能提升其翻译质量，也可以增强翻译的流畅性和简洁性，从而达到英语翻译的目标。

二、英语翻译文化视角下的词类转换

（一）英语翻译名词转换

在英语语句中有许多名词派生出来的动词，这样就需要将作为主体的名词转换为动词，也可以将其转换为副词或者形容词等。在汉语中一般动词使用频率要远远高于英语中动词的使用频率，这就使得翻译者将英语中的名词转化为动词。比如：pay attention to、to have a rest、make a decision 中的"attention""rest""decision"都是短语中的中心词，它们都为名词，但是在短语中却作为动词来表达动作。在句子中同样也存在名词用作动词的现象，例如：The flowing of current first in one direction and then in another makes an alternating current. 这句话中，就可以将其中的名词译成动词，这样能够保证翻译的质量。可以翻译为：

电流首先沿着一个方向流动，然后再沿着另一个方向流动形成交流电。在实际的翻译中，有一些英语动词翻译成汉语动词时会存在一定的难度，如果硬要翻译的话，就会导致翻译出的文章语句比较生硬，语句不够流畅，从而降低英语翻译的质量。这样的动词相对比较多，比如：act、run、work、aim、behave、furnish、direct、characterize 等。还有一些英语形容词衍生的名词在翻译时需要将其转换为形容词，如：The pallor of her face indicated clearly how she was feeling at the moment. 可以翻译为：她苍白的脸色清楚地表明了她那时的情绪。英语在翻译的过程中有时还要将名词转换为副词，主要是由于这些名词相对比较抽象，在名词短语或者句子中会存在一定的歧义，如果将其翻译为名词，那么将会影响到英语翻译的准确性，甚至会改变整个句子的意思。因此翻译人员可以按照文章中的情景，将其翻译为副词或者与其对应的状语，保证句子翻译的准确性。比如：The new mayor earned some appreciation by the courtesy of coming to visit the city poor. 译为：新市长有礼貌地前来拜访城市贫民，获得了他们的一些好感。

（二）英语翻译动词转换

翻译人员在进行英语翻译时，有时候需要将动词转换为其他词性的词语，这样能够保证语句的通顺，同时也可以准确表达出原文的含义。英语翻译中的动词转换通常有以下几种：第一，英语中的动词转换为名词。该种转化主要是由名词派生的动词产生的，在翻译过程中，翻译人员想要找到与之相对应的动词会比较难，这样就可以采用名词来进行转换，从而达到翻译的效果。比如：① This kind of behavior characterizes the criminal mind. 译为：这种举止是罪犯的心理特征。② To them, he personified the absolute power. 译为：在他们看来，他就是绝对权威的化身。在进行词类转化时，翻译者还要结合译文中的句子结构来进行，同时还要考虑句子结构和词语之间的搭配状况，从而达到翻译的效果。比如在翻译"绝对不允许违反该原则"这句话时，相关人员就可以将其翻译为：No violation of this principle can be tolerated. 其中，汉语中的"违反"作为动词使用，但是在英语中则将其转换为"violation"这一名词，使得翻译出的语句与原文之间的差异不大。如果在英语翻译中还是使用动词，翻译出的句子将会出现错误，影响到英语翻译的质量。第二，名词转用的动词翻译为名词。翻译人员在进行英语翻译时要保证句子翻译的一致性，就要将名词专用的动词翻译为名词，比如：① Our age is witnessing a profound political change. 译为：我们的时代是深刻政治变革的见证。② Most U.S. spy satellites are designed to burn up in the earth's atmosphere after completing their missions. 译为：美国绝大多数间谍卫星，按其设计，是在完成使命后，在大气层中焚毁。第三，将动词转化为形容词。比如：Marie's was deeply impressed by what I did at that time. 译为：我在那个时候的行为给玛丽留下了深刻的印象。其中句子中的 deeply 作为副词可以表示程度，而作为动词的 impress 后加上 ed 转化为形容词，从而让翻译出的句子更加通顺，语句更加完善。

（三）翻译英语介词转换

在英语中介词的使用频率相对较高，中文中常用介词数量相对较少，而且中文中许多介词都是从此转换而来的。在英语的语言结构中，介词通常会发挥着非常重要的作用，它能够将整个英语语言的魅力展现出来，使得语句更加活泼。因此翻译人员在翻译的过程中，可以将英文中的介词译为动词，使其句意更加顺畅，提升翻译的水平。比如：across、into、over、past、through 等介词，它们都具有一定的动词意义，因此在翻译时可以将其译为动词，增强译文的紧凑性和句子表达的连贯性。除此之外，在对一些目的、原因状语的介词进行转换时，也可以译为动词。比如：Qiu Shaoyun in spite of all difficulties, insist on fighting. 译为：邱少云不顾一切困难，坚持战斗。该句话中英语的 "in spite of" 作为介词，在汉语中就可以将其翻译为动词 "不顾"。

（四）翻译英语形容词和副词转换

在进行英语翻译时，为了保证翻译的质量，翻译人员有时会将形容词和副词进行相应转换，从而达到英语翻译的效果，增强翻译的准确性。比如在句子 "I am anxious about my mother's health." 中就可以将其翻译为："我担心妈妈的健康。"其中 "anxious" 在英语中作为形容词，但是在汉语翻译时就会将其转换为 "担忧" 这一动词，使其翻译出的句子更加贴切，能够准确表达出原文的意思。英语中的名词在翻译时能够转换成汉语动词，因此修饰该名词的形容词需要转译成汉语副词。比如：We must make full use of exiting technical equipment. 我们必须充分利用现有的技术设备。所以在今后的英语翻译中，翻译人员需要做好句子结构的调整，利用各种有效技巧，做好词类之间的转化，从而达到英语翻译的目标。

综上所述，在进行英语翻译时需要结合文化视角来进行分析，从不同文化角度来进行英语翻译，这样才能够达到英语翻译目标，提高英语翻译质量。除此之外，翻译人员进行翻译时，还要掌握不同词类之间的转换规律，结合文章所创设的情境，准确把握其思想情感，从而提升英语翻译的准确性和连贯性，实现英语与汉语之间的良好转换。

第四节　地方高校商务英语翻译教学中学生跨文化交际意识培养

随着经济全球一体化的发展，国际的交流与沟通成为商务发展的主旋律。近年来许多高校相继开设了商务英语专业，其中商务英语翻译课程是主干课程。商务英语作为国际的商务活动语言沟通的工具，也为商务活动的顺利开展提供了必要保障。加强翻译教学中的文化交际意识培养，既是高校商务英语专业教学的重点之一，又有助于促进高校学生跨文化交流沟通能力的进一步提升。

一、地方高校商务英语翻译教学概述

随着对外贸易的蓬勃发展和外贸企业的不断增长，社会急需一批既具备一定的国际商务英语沟通能力，又具备相应的商务专业知识的复合型人才，在此需求下商务英语专业应运而生，本专业的毕业生具有较大的市场就业空间。在开设商务英语专业的高校中，无一例外地将商务英语翻译作为了本专业的专业必选课程。商务英语翻译技能成为学生能否胜任将来工作岗位需求的关键。

二、地方高校商务英语翻译教学存在的问题

（一）教师方面

虽然众多地方各校为满足社会需求，跟随时代发展潮流，纷纷开设了商务英语翻译课程，然而，许多英语教师自身的跨文化意识薄弱，学校缺乏既具有精深的英语知识又精通商务专业知识的复合型教师。多数高校英语教师没有商务专业知识学习的教育背景，即使具有专业学习的经历，也缺乏实践经验。以笔者所在高校为例，本部门16位专任英语教师中，仅有4位教师具有"双师型"教师资质，而其中仅有1位教师具有实际的商务实践经验。其他教师教授的知识均来自书本，教学中主要以理论讲授为主。商务英语授课形式多数为传统的教学模式，其英语翻译教学模式较为陈旧。虽然有些教师尝试运用新的多媒体技术，并在教学过程中通过网络搜集引用最新的资讯和与课程密切相关的其他资料，但是从整体效果来看，其课堂内容与实践脱轨情况严重。现代社会信息瞬息万变，知识的更新速度远超过学校课本的更新速度，达不到理想的教学效果。

（二）学生方面

作为商务英语专业的学生，对其英语专业基础知识的要求很高，然而地方高校的英语专业学生普遍存在学习热情不高，人文素养相对较低等现象。当前，实用主义的思潮对高校学生的影响较大，高校"严进宽出"的现状，致使许多学生对自身的学业要求不够重视，再加上部分学生英语基础薄弱，进而导致了学生在阅读、听说等能力方面的欠缺。另外，学生普遍缺乏人文教育，致使人文知识储备相对欠缺，对国外文化知之甚少，缺乏跨文化意识和人文素养。这都给翻译教学带来了障碍，学生很难积极主动地进行翻译的学习，商务英语翻译能力很难获得真正的提升。

（三）教材方面

教材是教师授课的依托，是实现教学目标的保障。尽管我国自20世纪80年代以来即开设了商务英语的相关专业，商务英语翻译的书籍数不胜数。但从总体来看，商务英语翻译教学缺乏统一规范的商务英语翻译教材是高校普遍存在的问题。有的院校为提高学生的

英汉翻译能力打基础，采用英语基础翻译教材代替商务翻译教材，初衷虽好，却忽视了跨文化交际能力的培养和商务翻译实践能力的提高，并且挤占了商务翻译教学的学时；部分商务英语翻译教材采用全英文撰写，专业术语繁杂，学生学习难度过大，也导致了学习挫败感的产生，影响到教学效果的实现。有的教材编写时间过久，内容相对陈旧，已无法满足实际需求，不能适应当前的社会发展需求。

三、商务英语翻译教学中跨文化交际意识和能力的培养

（一）改革教学模式

1. 改进商务英语翻译的教学模式

随着社会的进步和发展，语言也在不断变化和丰富。社会对人才的需求也越来越高，对商务英语专业的毕业生也是如此。商务英语教师要及时转变教学理念，改进教学方法，通过新的、适当的教学方法，改变原来枯燥的翻译教学法以适应新的教学环境和教学要求。案例教学法是较为新颖且有效的教学形式。案例教学法是指将真实的案例引入课堂，以学生为学习的主体，老师作为引导者，选取与课程内容相关的案例，引导学生独立思考，自主学习。

实施案例教学法，首先要求教师注意案例选取要符合教学目标，要贴近实际，与时俱进。选取的案例要有代表性，要详略得当，难易度符合学生的实际水平。此外，还要注意案例的可操作性，让学生在具体交流分析时，能发挥积极主动性，实现独立思考和分析应对能力的提升。通过话题性和具有较强实际操作性的案例教学，不仅能增加课堂趣味性，在学生彼此交流的过程中，其语言表达能力和解决问题的能力也得到了训练和提升。这将为商务英语翻译教学中跨文化意识的培养奠定基础，也为今后在实际工作中的人际交往能力和合作沟通能力打下基础。

2. 提高教师的专业素养

商务英语翻译教师要有不断学习的意识，注重自身跨文化交际能力的培养，应具备较强的商务文化意识。在商务英语翻译教学过程中，往往涉及中西方政治、经济、宗教、习俗等方面的差异。商务英语教师要在教学过程中，创设良好的英语学习环境，注重在翻译课程中介绍英美国家文化。商务英语翻译教学教师在教学中应有意识地培养学生跨文化交际意识。另外，针对目前地方高校商务英语翻译教师师资短缺的问题，相关院校应大力开展专业教师的培训工作。同时，加强和相关企业的合作，通过多渠道引入企业人员对专业教师进行培训。在引入新教师时应注重商务经验背景，尤其应优先考虑有外贸工作经历的人员。在职教师应利用假期或学生实习的机会，深入企业，参与到真实的跨文化交际活动中去，了解实际需求，积累实际经验，使商务英语翻译教学不停留在书本上，从而提升自身的商务翻译能力并将之内化再传授给学生。

（二）提高学生的跨文化意识

让学生进一步明确翻译课程的学习目标和开设的重要意义，使其了解和掌握跨文化交际对翻译学习的必要性，激发学生的求知欲望，提高他们的自主学习意识，特别是对英语国家文化学习的积极性和主动性，督促学生广泛涉猎知识，提高学习效率，从而提升他们的人文素质，为商务英语翻译教学中跨文化意识的培养奠定基础。只有学生自觉地投入到学习中，才能有意识地吸收教师讲授的知识，并在英语翻译的实际过程中将自己所学的英语知识结合跨文化意识更好地应用到实践中来。

（三）选取适当的教学材料

地方高校应结合学校学生的实际情况选取适当的教材。教材的选择不能盲目偏爱名家，以免导致选用的教学内容过于陈旧。教材应基于商务英语翻译理论以及实际练习对整个授课过程进行合理化、优化设计与部署，使商务应用的本质特征得到体现。要结合学科特点，选取新理念、新思维的教材，优秀的教材应根据时代发展及时更新内容和词汇。要切实考虑到教材的合理性、缜密性、正确性以及实用性。教师可结合学生的实际学习水平和需求，对教学内容进行适当的增减。可将实际的商务活动内容融入课堂教学中，例如，公司的合同、产品的包装、产品说明书等，针对复杂多变的商务英语环境，将先进的教学理念和商务思维传授给学生，提高教学内容的实用性，使其在实践活动中能够应对。

随着全球经济一体化的不断深化，国家间的经济交流日益频繁，对商务英语人才的需求也随之增加，面对光明的就业前景，商务英语人才的培养受到极大重视，但与此同时，商务英语翻译教学存在的问题也开始凸显出来，作为开展商务英语教学的地方应用型高校，培养具有较强综合商务能力的复合型商务人才、不断提升商务英语教学水平是办学的主要目标。在商务英语翻译课程中，注重学生的跨文化交际能力的培养，对促进英语专业学生英语水平有效提升具有重要意义，从而实现向社会输送翻译水平高、实践经验丰富的商务英语人才的目标[9]。

第五节　跨文化交际中的武术英语翻译原则与对策

武术是具有中国特色的传统运动项目，代表着独特的东方哲学思想、民族文化，是历代武术家斗争经验、练武经验、生活经验、养生经验的结晶。它使用精辟的语言指导习武者做人、行事、养生、练功、传艺、格斗，因此对武术爱好者和工作者具有重要意义。武术翻译通常趋向"信、达、雅"的标准。另外，除重视武术原意表达和民族文化特色外，还要注意跨文化交际中的传播的易懂性和得体性。

9　冯翠华 . 英语修辞大全 [M]. 北京 : 外语教学与研究出版社 ,1995.

一、武术英语翻译的历史回顾

随着西方传教士的到来，武术的翻译逐步展开，一些国外习武者对中国武术产生了浓厚的兴趣，这个阶段属于萌芽阶段。直到 1693 年《基本中国拳法》出现，这是武术翻译史上现存可考的第一本英文著作。这是一本在美国正式出版发行的专门介绍中国拳法的著作，它的出版标志着中国武术的英语翻译开始由单一的口译进入到以口译为主，口头和书面相结合的成长阶段。从 1979 年起武术翻译进入一个新的历史高潮，这个阶段，笔译内容丰富，包含武术各个方面，翻译作品数量增长迅速，质量提高显著，内涵更加深刻。还有突出对武术文化内涵和历史的介绍，使读者可以了解中国武术和体会中国文化。武术在海外的影响，客观上是由武术翻译的兴盛带来的。

二、武术英语翻译在当前跨文化交际中的现存状态

跨文化交际是指具有不同的文化背景的人通过语言、信号、文字形式进行的思想、信息交流。目前我国现有的武术翻译注重对竞技部分和简单术语的翻译，外国读者对其原意和其文化内涵不能深刻理解。一方面，因为中国武术理论不但建立在古代哲学基础上，而且它还融合了兵、道、儒、墨、医等流派的思想，很多哲学术语进入武术范畴中，例如，阴阳、四象、两仪、元气、五行、互根等。这类术语一般在英语中难以找到相对应的词语。另一方面，中、西方存在明显的文化差异。译者如果忽略了传统文化深刻内涵，过分地采用直译，加上武术的技术动作和寓意都会给武术英语的翻译带来较大的难度。传统武术的部分动作比如八卦掌中的猿猴登枝等名称会让译文读者对动作产生迷惑，影响到了译文效果。本书根据跨文化交际中出现的问题，试图探讨跨文化交际中武术英语翻译的原则与策略。

三、跨文化交际中武术英语翻译的原则与策略

（一）跨文化交际中的翻译原则

1. 系统性原则

文化的系统性是指一种文化就是一个自成体系的系统。一个文化系统由物质文化、制度文化、心理文化三个层次组成。这个三个层次之间是相互联系、相互作用的关系，它们共同构成了一个完整的文化统一体。文化是由各种各样的要素组成的一个统一整体，而构成文化的各要素之间紧密联系又彼此作用。武术文化分为器物文化层、制度文化层和精神文化层。器物文化主要包括武术服装、技术体系、器材等；制度文化主要包括武术技术等级制、组织和管理体制、武术段位制等；精神文化主要包括武术学习者的观念、思想、价值观等。武术文化与文化体系在一定程度上是相互对应的，武术也蕴含着丰富的文化，所以跨文化交际中武术翻译要遵循文化的系统性原则，这样才可以真正传播武术的内涵。

2.民族化原则

中华武术是以中华民族文化为理论基础，以攻防技击为主要特征的中国民族文化，对运动技能有独特的思维层次的认识。传统武术的文化层面涉及天文、地理、军事、医学、哲学、生理、医学等各个领域，对于这些相关文化的理解程度会直接影响武术翻译的质量。因此，武术翻译一定要体现和保留武术蕴含的民族文化内涵和语言风格。传统武术动作名称和传统武术理论当中，随处可见蕴含有文化信息的内容，要想把他们翻译得很贴切，确实不容易。武术理论中特有的一些术语在英语中也很难找到对应词，比如"文有太极安天下，武有"八卦定乾坤""阴阳互根"等，这部分术语具有典型的中国民族特色，无论选择直译还是意译，都无法准确再现其原文内涵。所以这部分特有的概念最好采用音译，应该译为"taiji""bagua""yinyang""wushu"等。

3.平衡性原则

平衡原则是指译者在翻译武术著作的过程中，尽力做到平衡输入语与目的语信息。对译者来说，其首要任务就是平衡信息的输入与输出，既要保证信息输入的准确与充分，又要考虑信息输出的可被接受的程度，防止过量输入或是输出不足。随着跨文化交际的不断深入，读者的接受能力也不断提升，具备了理解一定异域文化的条件。同时，我们也必须看到民族化的翻译思路并不代表全盘中国化，要清楚翻译的最终目的还是为了交际。平衡原则的提出，是源于武术翻译过程中民族化与国际化的讨论。事实证明，无论是从读者接受程度，还是从翻译目的来看，要使中国文化在西方文明中占有一席之地，就必须保持民族特色。武术翻译的目的是为了弘扬中华武术以及哲学思想，如果舍本逐末，翻译就会失去其原有的意义，造成重要信息缺失，而且，当今世界的读者也期待着异质的文化。武术的自身特点决定翻译过程存在着实际困难。武术术名不统一、术语自身的不规范现象给跨文化交际带来了一定障碍；武术中浓厚的民族特色也在一定程度上妨碍了世界人民的理解。因此，译者也需要适当借用西方竞技用语，降低武术翻译的理解难度。比如，一些译者在翻译太极拳术语时会借用西方拳击比赛中的用语，这也不失为一种平衡方式。但译者应把握适度的原则，"平衡"是动态的概念，随着中西方文化的进一步融合，平衡标准也随之改变；随着武术文化广为人知，民族性也逐渐凸显。

（二）跨文化交际中的翻译策略

1.基于系统性原则的归类翻译法

从系统性原则可以得知，武术文化与特定的文化体系是相互对应的，武术中也蕴含着丰富的文化，中国武术目前历史清楚，脉络有序，风格独特，自成体系。根据地域分为少林、武当、峨眉、南拳四大门派，内部又有许多支派，各支派中某一支路有其显著特色，因此武术英语翻译遵循各门派的体系和特点，应该基于系统性原则进行归类翻译。各门派的专业术语要有其系统性和一致性，以便忠实于原文。例如《武当武术词语英语翻译》《杨家太极拳秘诀》《中医气功学翻译》等。

2. 基于民族性的音译法

尽管文化的共同性决定了某些文化能够为全人类所有，但是文化首先是民族的，其次才是人类的。实际上，就文化的产生与存在而言，文化原本都是民族的。民族是一种社会共同体，因此越是古老的社会，文化所具有的民族性就越鲜明。武术文化就是由各民族文化共同来构成的，从不同的民族的角度出发来分析武术文化，自然就具有民族性。

因为武术文化中有很大一部分是表现武术特有的事物，具有浓厚的民族文化色彩，在英语中很难找到与其相对应的词语。而在跨文化交际中，音译附带动作演示和图片影像等肢体语言，使对方可以进行直观有效的交流。比如：太极：taiji，功夫：kungfu，气功qigong，阴阳：yinyang 等。另外还有一部分武术术语在英语中已经有了译名，而且也已经被外国人接受，就应该按照约定俗成的原则，继续用原有的固定译名。

3. 基于平衡性的多元法

（1）直译法。文化是全人类所共同创造的，又为全人类所享有、继承，因而文化具有人类共同性。武术被誉为中国的国粹，发展至今已成为一项世界性的体育运动。武术文化基于共通性的直接翻译法在全世界范围内得到逐渐推广和普及。

直接翻译是在保留原文基本形式、形象、民族、地域特色的前提下，将原文按照文字的字面意思直接翻译出来。这种翻译方法不仅需要译者准确理解原文意思，还要有较深的文学功底，有一定数量英文体育肢体术语的掌握且熟练运用，同时要注意在表达清楚意思的前提下尽可能翻译出特色来。

比如：流星锤 meteoric hammer；燕子入林 swallow flying into woods；起势 Starting Posture；白鹤亮翅 White Crane Spreads its Wings。

（2）意译法。中国武术是最富有民族文化特色的体育项目，它的指导思想是中国传统的"天人合一"哲学思想，因此哲理性很强。"天人合一"的观念是道家哲学本体论的一种表现，它认为人和自然在本质上是相通的，人应顺乎自然才能获得生存与发展。"天人合一"思想给中国传统哲学带出了一系列的合一，如形神合一、主客合一、理气合一，也为中国武术打下了思想基础。由于中国武术蕴含着深刻的哲理思想，具有修身养性的功效，因此，它在世界上很多国家有着广泛的影响。但是这种哲理性也要求武术文化翻译时只抓住内容和寓意重要的方面，牺牲形象，结合前后比较灵活地传达原意，即采用意译法。其特点是含义较深而且隐含于较浅白的字面下。比如：马步 horse-ride step；绝招 kill shot；生死斗 death duel；扫堂腿 ground sweeping。一般来说，有些习语的汉译英较为简单，不会发生保持习语的民族或者地方色彩的问题。因为两种语言中有些同义习惯用语无论在内容、形式和色彩上都相符合，它们不但有相同的意思或隐义，而且有相同的或相似的形象或者比喻。因此我们可以大胆借用英语中的同义习语来表达。又例如"花拳绣腿"，这就不能从字面直接翻译出原意，而要突出原文的寓意，我们可以译成"showy but not practical martial arts，any showy but not practical skill"。这种翻译的方法要求译者通过自己的语言表达原文的隐含意义，使读者在阅读过程中受到启迪和教育。

（3）解释性翻译法。不同的时代有着不同的文化，这是因为任何文化都是在历史发展演变的过程中产生的。也就是说，不同时代产生的自然文化、人文文化和科学文化构成人类文化的生态结构。武术文化的时代性就在于它动态地反映了武术价值观念的变化过程。然而由于时代的发展和历史的变迁，有些武术文化到今天有了新的变化，可能会让国外武术爱好者产生误解，因此采用解释性翻译，它是翻译时根据实际情况，补充一些背景、内容或者进一步解释其确切的含义，使那些不太了解中国文化的人更加准确地理解武术文化。比如：Taijiquan(太极拳)-Taijiquan is a soft，slow and light exercise which features continuous，circular and fluent.Different styles of Tai ji quan stress various aspects.Bai he Liang chi(白鹤亮翅)-a white crane spreads its wings.Lou xi Ao bu(搂膝拗步)-brush knees and twist the steps on both sides. 可见，合理的翻译不是词句转换的"对号入座"，而是沟通思想的"搭桥人"。

　　本书从跨文化交际中武术英语翻译的视角入手，首先回顾武术英语翻译的历史，又了解了当前跨文化交际中的现存状态和问题，继而提出了跨文化交际中武术英语翻译的原则与策略，为推动中国传统武术文化走向世界给出了个人的一些思路和几点建议。

第六节　英语电影字幕翻译的跨文化因素及对策

　　英语电影字幕的翻译除了可以代表不同国家文化之间的交流，还符合现如今全球化大潮流，但是在文化交流的过程中也会存在一些文化冲击，这就需要翻译者在了解不同国家的文化之后再进行有效的翻译，准确把握不同文化的特征，而不是简单地把一种文字转化为另一种文字，在避免文化冲突的情况下把最能体现句子意思的字幕展现在所有的观众面前，这是需要翻译者长期积累并且配合讨论的过程，同时也有利于不同国家的文化交流与融合。

一、英语电影字幕翻译的跨文化因素

　　英语是现今不同国家进行沟通交流的主要语言，不同于一般语言的枯燥无味，英语具备不同地域的不同特色，被赋予了特殊的灵魂，所以，英文字幕的翻译工作不是简单的意译，而是涉及不同区域的文化输入。在现如今这个文化全球化的大背景下，人们的文化意识不断增强，对新鲜文化的渴求度也在逐渐提高，虽然获取各国文化差异的技术发展迅速，但不可否认的是，如何解决区域间的文化冲突和差异是英语电影字幕翻译者亟待解决的问题，但在此之前，他们需要了解的就是英语电影字幕的跨文化因素。

（一）文化背景及带来的影响

　　在不同的文化背景之下，翻译者对同一个语言的翻译不尽相同，比如，中国有句古话叫"谋事在人，成事在天"，因为中西方文化背景下"天"的含义不一样，西方信仰的天是上帝，也就是 God，所以在翻译的时候会译为 Man proposes, God disposes。而在中国，天就是老天爷，翻译过来会倾向于用 Heaven 这个词，也就是 Man proposes, Heaven disposes。这样直观地把两者进行对比就会发现，翻译者对某个词语的选词取决于他受到何种文化的影响。

（二）翻译字幕的接受程度

以前，英语字幕的翻译者并没有受到很多人的重视，大部分人关注的重点都在英语文本内容的翻译工作上，但是随着时代的发展，越来越多的人开始注重翻译过来的电影字幕，甚至有些电影字幕翻译的好坏将影响整体的观影效果，还决定着观众对电影内容的理解程度。翻译者在翻译英语字幕的时候，需要把观众的接受程度考虑在翻译之内，俗话说得好，一千个人有一千个哈姆雷特，就算是相同的人在不同的阶段对同一段话的理解都不一定相同，不同的人看待同一段话就更不会相同，而产生不同理解的原因和他们所处的文化背景和所学知识有很大的关系，所以，翻译者在翻译英语文本的时候，需要根据观众对同类型电影的理解能力来进行符合他们接受度的翻译，而不是仅仅着眼于翻译词句和运用修辞手法。

（三）英语台词的文本考量

在对英文字幕进行翻译的时候，不是遵循一种翻译原则，而是需要根据台词文本的不同属性用相应的翻译方式进行翻译，所以，翻译者在进行英语字幕翻译的时候，首先应该考虑对台词文本进行分析，找到合适的翻译方式，然后才开始进行翻译工作。根据英语台词文本的不同属性，大概可以分为两类：记录性文本和工具性文本。记录性文本注重的是台词内容所传递出来的最真实的信息，这就需要翻译者在翻译的过程中正确把控语言的灵活性，如何将翻译过来的内容更贴近原意，并在此基础之上适当地增减情节来加强事件的戏剧性表达效果。比如：He is a university student. 原本的意思很简单，就翻译成"他是一名大学生"。但是因为字幕的长度和影片中演员的口型以及配音的长度要尽可能地协调，所以翻译者需要对这句话进行适当的增加，从而让观众有一个更好的观影体验。因为字幕翻译有一个不成文的规定，如果英语的句子有八个音节，在翻译的时候就需要八个汉字长度的中文与之匹配，所以在扩充"他是一名大学生"的时候，可以从 is 这个时态出发，因为是一般现在时，就加上"现在"这个词，最终翻译为"他现在是一名大学生"，这个翻译的长度和原句长度比较吻合，符合台词文本翻译的基本要求。另一种工具类翻译就是把原来的语言转化为目的性的语言，从而让观众明白其做这件事的意义所在，这种文本翻译的关键就在于能否完全忠实于原文，不会因为迎合大众的需要而改变意思[10]。

---

10 苗兴伟，秦洪武. 英汉语篇语用学研究 [M]. 上海：上海外语教育出版社，2010.

二、英文电影字幕翻译的策略

电影本身就是一门艺术，在对电影文本进行翻译的时候，不仅要实现语言文字方面的转变，更重要的是整个电影的语境也需要无误差转变，从而达到最终的翻译形式，而在进行英文翻译的时候，主要有以下四个策略：删减、压缩、直译和意译。

（一）删减策略

电影的字幕有时会受到时间和空间的影响，这就需要翻译者根据实际情况对翻译内容进行删减，尤其是翻译有特殊意义的抽象词汇时，不能简单地进行逐字翻译，而是要根据台词的大背景以及翻译者对台词的理解能力进行删减，从而突出电影的核心故事信息，具体可分为缩减性和删除性意译。这两种删减策略顾名思义，缩减性意译是对原句中的某些词句进行精练之后再进行翻译，删除性意译则是删掉不影响原句意思的细枝末节的词汇，使翻译出来的句子更加通俗易懂。举个例子，Flipped 中有一句台词：He was so embarrassed that his cheeks turned completed red.embarrassed 和 his cheeks turned red 在这里有着同样的意思，就是因为害羞而脸红，这种翻译用到了缩减性意译的方法，简单明了地把这句话的意思表达了出来；另一个删减性翻译的例子，I...I absolutely, totally and unduly adore you and I just think you are the most beautiful woman in the world. 这里的 absolutely，totally，unduly 都是形容非常的意思，在这里表强调，在翻译的时候可以适当地进行删减保留一个，如果要强调重复，可以用省略号来表达重复的次数，翻译成"我非常……崇拜你，你是这个世界上最漂亮的女人"。

（二）压缩性策略

有时候需要翻译的英文是一个长句子，里面会涉及不定式短语和定语从句，这就需要翻译者把句子化繁为简，把长句子分成一个个独立存在的句子，然后对比相关信息进行组合翻译，使观众既能理解句子的意思，又能减少翻译的工作量。比如《呼啸山庄》中有句话，He's been using you，to be near me，to smile at me behind your back，to try to rouse something in my heart that's dead. 最后翻译成，他一直在想利用你，利用你来接近我，还背着你对我笑，试图唤起我心中早已熄灭的感情。这种翻译也是带有个人情感在里面的，通过这种翻译表达方式，可以让观众更能体会主人公在说这句话的时候所具有的感情。

三、当今英语字幕翻译的特点

（一）口语、现代语与流行语增多

例如《黑衣人3》中 "There is no such thing as time travel." 翻译为："你穿越剧看多了吧。"time travel 这个词在句中被译为"穿越剧"，这样翻译既符合原句的意思，也符合当今社会影视的潮流，观众在看到的时候也会觉得很有意思。再例如《花木兰》中的 "you mean loser？"如果直译为"你说我是失败者？"无法让观众了解主人公的真实感情，所以翻译者在翻译的时候可以借鉴现在的流行语翻译成："你说我很衰？"这些流行词汇以娱乐消遣为目的，以最简单的方式获得大众的喜爱。像"Hey，we need a ride.""Pack your bags，we are moving out.""The truth is we are both frauds."这些都适合用流行语来进行翻译，可以依次译成："哎，搭个便车吧。""收拾行李，我们走人。""其实我们都是冒牌货。"这些翻译过来的字幕中"便车""走人"和"冒牌货"都非常地道，很容易被观众接受。

（二）"名人"名字的套用

在当今经济文化融合的时代，演艺明星和某些网络红人受到了越来越多的关注，很多电影的翻译也加入这一点拉近和观众的距离。比如"I don't want you to think of me as some sort of authority figure"被翻译为"你不要把我当成大明星周杰伦"。翻译者将"周杰伦"这个为大众所熟知的明星人物代入字幕翻译，不仅可以通过他身上的某种特质来表达电影本身需要达到的效果，更能引发观众的共鸣，还可以用轻松的文字内容博取观众的欢心。

综上所述，英文电影字幕翻译其实是一门学问，翻译者要有强大的词汇和文化背景知识，可以说是各国历史文化的见证者，同时，翻译者还需要紧跟时代的潮流，用最通俗易懂的方式进行文字的翻译，毕竟在现今这个社会，字幕翻译的好坏将直接影响到观众的观影评价，翻译者还需要综合运用删减、压缩、直译和意译这四个翻译策略让观众能够身临其境，理解电影真正想要表达的意思，使他们在关注自身文化的同时也可以感受其他国家的文化，从而促进各国文化的交流与融合。

第七章　跨文化英语翻译中学生能力的培养

第一节　大学英语翻译教学中跨文化意识的培养

　　跨文化意识的培养有助于帮助大学英语翻译教学更好地将学生的思维与英语逻辑进行连接。以大学英语翻译教学中跨文化意识的培养为研究主题，分别从微观和宏观两个视角分析大学英语翻译教学对跨文化意识的需求，并且在对大学英语翻译教学跨文化意识的优势、隐患、障碍阐述的基础上，分析大学英语翻译教学跨文化意识的现状，从而提出大学英语翻译教学中跨文化意识的培养策略：建立大学英语翻译跨文化交流平台、规范大学英语教师对于西方文化的正确取向、帮助大学生巩固跨文化的英语语感逻辑。

　　英语翻译是我国英语教学中的教学内容之一，学生英语翻译技能的高低也从一个侧面体现出其英语水平的高低，而在英语翻译过程中，跨文化意识起着不容忽视的作用，其对于英语翻译有着确保语义被准确理解和传达的重要作用，所以在我国大学英语翻译教学中必须重视对学生跨文化意识的培养。在大学英语翻译教学中，培养学生的跨文化意识越来越受到教师的重视，大学英语教师能够通过跨文化意识带动学生理解英文材料，从而增强学生的翻译技能。

一、大学英语翻译教学中跨文化意识的需求

（一）大学英语翻译教学中跨文化意识的具体需求

　　在大学英语课程当中，翻译教学是教学内容的重要组成部分，大学生必须要具备一定的翻译技能才能更好地理解英语，应用英语。一般情况下，翻译活动需要经历三个阶段，即理解原文、表达译文、校验译文这三个阶段。在这个过程中，大学英语翻译教学必须要对英文材料的语境建立起一定的概念，这样才能让翻译作品尽量减少失真。因此，对于大学英语翻译教学来说，跨文化意识的培养是高质量翻译教学的前提，只有当学生建立起跨文化意识之后，翻译教学才能更好地帮助学生加强语言逻辑的转换，学生也能借由贴合英文本身的语言结构来锻炼自己的英语翻译技能。

（二）大学英语翻译教学中跨文化意识的宏观需求

根据教育部颁布的《大学英语课程的教学要求》当中的内容来看，大学英语教学是以外语教学理论为指导，以英语语言知识与运用技能为主要内容，并普及多种教学手段和教学模式的教学体系。同时，《国家中长期教育改革和发展规划纲要（2010—2020 年）》当中也提出高等教育应该"培养具有国际视野、通晓国际规则、能够参与国际事务和国际竞争的国际化人才"。因此，我国跨文化能力研究者一直在努力构建科学合理、适用于国内外语教学的跨文化能力培养模式。在全球一体化的趋势下，信息交流的效率成为推进全球化资源共享重要的关键，对于担任大学英语翻译课程的教师来说，需要对当前中英语言当中存在的差异进行着重关注，并对学生进行跨文化意识的培养。

二、大学英语翻译教学中跨文化意识培养现状

（一）大学英语翻译教学中培养跨文化意识的优势

跨文化意识的培养有利于在大学英语翻译教学中全面提高大学生的英语综合素养、培养大学生的英语表达能力、激发大学生的英语学习兴趣。然而，注重跨文化意识在大学英语翻译教学中的运用，还是需要大学英语教师先对跨文化意识有足够的认知。对于大学英语教师来说，跨文化意识有助于推进高校英语教师国际化教学水平，有助于提高其教学能力，增强我国大学英语翻译教学的应用性。对于学生来说，通过建立起跨文化意识的理念，能提高学生对于英文信息的阅读能力，促进学生对于文化差异的包容心态，获得更广阔的人生视野。英语翻译具有较强的系统性、整体性和结构性，大学英语翻译的教学也需要跨文化意识作为辅助，才能加固学生对英文语言系统的梳理。

（二）大学英语翻译教学中跨文化意识的隐患

英语教师在大学英语翻译教学中推进跨文化意识培养的同时，也将异域他乡的多元文化传递给了学生，学生会将这些与我国传统文化不同的价值观念收入囊中，而大学生对一切新鲜的知识都处于学习和理解阶段，因而容易在文化的冲突中产生自我矛盾，如若不及时对其进行思想的纠正，学生很容易走上尊西贬中的道路。而在大学英语教师队伍中，一些教师本身没有正确看待中西方文化，自身思想意识已经走偏，一味地向学生传播西方价值优越的思想价值观念。学生在对事物之间的差异理解不深的情况下，更容易被这类教师的言论所误导，从而影响学生本身的思想价值取向。在教师不良思想价值观念的影响下，学生逐渐丧失对本土文化的自信，对本土文化提不起兴趣，无心再为我国的翻译事业做贡献，是大学英语翻译教学跨文化意识应用过程中存在的一项隐患。

（三）大学英语翻译教学中跨文化意识的障碍

大学英语翻译教学中跨文化意识的培养主要依靠教师向学生灌输一定的语法，再由学生对于英文材料进行自行理解，既缺少一个跨文化的语言环境对大学生英语逻辑进行熏陶，

又缺少在日常翻译教学中的文化知识渗透，所以，跨文化意识在大学英语翻译教学中渗透缓慢。另外，当前我国高等院校当中所设大学英语类专业众多，即使非英语专业的学生，都需要学习英语，且当前不同院校、不同专业、不同地域之间的学生英语水平参差不齐，对于语感、语境、语法的掌握有深有浅，这导致学生之间英语翻译水平存在明显差异。在现在大学英语翻译教学一对多的课堂当中，教师难以完全根据每一个学生的个体差异进行个性化教育，只能从班级的整体水平去设计教学，这很容易让一些英语水平薄弱的学生在大学英语翻译的学习中掉队，给大学英语翻译教学跨文化意识的培养造成一定的障碍。

三、大学英语翻译教学中跨文化意识的培养

（一）建立大学英语翻译的跨文化交流平台

英语跨文化意识的培养需要浓厚的英语氛围支撑，所以，为了将跨文化意识更好地融入大学生英语翻译的学习中去，高校应当充分利用语言环境对人语感的塑造作用，为大学英语翻译课程提供更真实的语言交流环境。高校应当争取与美英高校语言课程的交流合作，让学生不仅能从课堂教学中培养跨文化意识，而且还能够通过建立一段真实的交流关系激发学生对于异域语言文化的求知欲，促进学生对于跨文化意识的应用。在与国际学生的交流中，学生能够感受交互性的跨文化意识，在国际学生真实生动的英语表达当中获得启发，并且对中英文的语法结构差异加以归纳，这样能够减少语言结构差异对学生英语翻译造成的障碍，增强英语翻译的实用性，提高大学生英文翻译的水平，增加大学生走向国际化市场的竞争力。

（二）规范大学英语教师对于西方文化的正确取向

大学英语教师应当树立对西方文化的正确态度，在教学中为学生客观地讲述英语国家的语言习惯、价值准则、历史文化和风土人情，让学生建立一个对于别国文化的整体概念，而不是偷梁换柱，在教学中输出自己对于国与国差异的偏颇议论。对此，高校应当对大学英语教师的思想价值观念加以规范，督促大学英语教师注意自身的言论影响，禁止大学英语教师通过教学方式散播不正确的文化意识言论、引导不良风气，不能让大学英语的课堂在教学中背离了为我国培养高素质人才的初衷。

（三）帮助大学生巩固跨文化的英语语感逻辑

一门语言需要反复练习才能掌握，在现实语境的交流中，教师除了要对学生的跨文化意识进行培养，还需要对学生在学习中建立的逻辑情感加以巩固，只有这样才能真正扎实大学生英语翻译的能力基础。对此，高校可以利用一些多元的英语课堂教学模式为学生在大学英语翻译课程的学习中保留跨文化意识的英语应用语境，例如，排练英文短剧、用英文撰写英语国家的文化报告等。虽然这些方式只是单向的巩固，但是仍然保留了相对好的英语语境氛围，能够帮助大学生巩固好跨文化的英语语感逻辑。通过将跨文化意识贯穿于

翻译教学，学生在增进对英语国家文化理解的同时，还能够发掘大学英语学习的新方法，从而能够将跨文化意识融入自身的学习过程中。

翻译人才的翻译水平会直接反映出我国当前英语翻译教学水平，也决定着学生个人在日后从事英语翻译工作时的能力表现，跨文化意识在帮助大学生锻炼英文翻译能力的同时也帮助大学生提升其视野，让大学生能够用更包容开放的心态去解读英语文化，能够更为贴切地对英文材料做出高质量的翻译。跨文化意识能够帮助我国大学生摆脱"中式英语"翻译的困局，从而让翻译的作品更好地起到促进不同语言文化背景的人们交流的作用。所以，将跨文化意识植入大学生英语翻译的过程当中，是大学英语翻译教学的一项重要的任务。

第二节　旅游英语翻译过程中的跨文化意识培养

随着经济的进步，旅游业在全世界都在快速发展。中国日益壮大，中国的众多旅游景点越来越受国外旅游者的关注。为了使国外旅游者更加了解我国的景点，本节从旅游英语翻译的跨文化意识着手进行分析，培养旅游英语翻译的跨文化意识。

随着我国旅游业的不断发展，来中国旅游景点的外国游客越来越多。中国作为一个人口大国，与各个国家都保持着友好的往来。英语作为世界使用最广泛的语言，在旅游业的英语翻译也就显得极其重要。旅游景点的英语信息可以让国外旅游者更加了解景点的特点及其历史背景，更能提高旅游者对于景点的兴趣及热爱。旅游英语不仅仅是一种语言上的改变，它还有助于跨文化意识的形成。因此，在旅游英语翻译的过程中，跨文化意识的培养对我国旅游业的发展起着至关重要的作用。

一、旅游景点的英语翻译现状

英语是世界上使用最为广泛的语言。如今，我国的很多旅游景点当中介绍的历史背景、相关事迹，以及一些文献资料，不但具有中文版本，在中文下方还有英文版本，甚至还有其他国家的语言。但是，我国每个旅游景点对于英语翻译的程度不一，因此旅游业的翻译情况并不是相当乐观的。我国文化博大精深，有时候，旅游景点的英语翻译只是翻译出了字面意思，并不能将我国的内涵体现出来，更无法体现出语言中所介绍景点的独特魅力。这一现状，就直接导致了外国旅游者因为翻译问题体验不到景点的独特之处。

二、英语翻译在旅游业当中的重要地位

在我国的各个景点之中，都可以看到对景点的一系列介绍，以及景点的相关事迹与书籍等。为了使外国旅游者更好地了解这些景点，往往会把景点的相关资料翻译成英文版本。

这样一来，可以使外国旅游者认识并了解这些景点的由来以及相关资料与景点的文化意义等多方面的信息。为了提高外国旅游者对于景点的兴趣以及热爱，推动我国旅游业的发展，英语翻译就应发挥出它本身的作用。在推广旅游景点的时候，同样需要英语翻译。英语作为国际的官方语言，在各个行业的地位可想而知。对于旅游业来说，英语翻译也是极为重要的。

我国有许多旅游景点都是非常著名的，因此，为了使外国旅游者正确的了解我国景点，对于旅游景点的英语翻译就要严格要求。从而使我国的旅游景点，在使用英语的背景下，依旧可发挥出景点原有的文化精髓。为了达到这一高标准的要求，这就需要英语翻译不仅要想到英语文化的要点，也要向外国旅游者传递旅游景点的历史与文化等相关信息，使外国旅游者能够充分理解，使旅游景点的英语相关介绍带上属于中国的特色。毕竟我国与外国有所不同，在翻译方面要结合各国因素进行考虑，才能既保护我国旅游景点的原有特色，又能够推广到国外各地。

三、旅游英语翻译的跨文化意识

（一）跨文化意识的理解

跨文化意识就是指不同文化在交流过程中自然而然形成的一种准则以及互相融合的一种方式，换一种方式来解释就是对于文化的另一种认知与使用方式。跨文化交流本身就是不同的文化在交流过程当中以语言为媒介，进行文化信息交流。中西方的文化差异以及不同翻译人员对于历史和外国文化的不同理解，从而导致翻译的不同是很正常的现象。但是翻译人员在旅游景点介绍的翻译过程当中只注重语言本身，从而忽视了跨文化的交流，则会对旅游业的发展有一定的影响。但是，如果过多地注重景点文化，从而忽视语言本身的应用，也会影响外国旅游者的理解。所以，旅游英语翻译不仅仅是语言上的转化，而是要发掘语言的独特性，使旅游者在不同环境下能够理解旅游英语的内容。

（二）跨文化意识在旅游景点名称上的应用

在旅游景点名称上的翻译，跨文化意识显得极为重要。在景点名称上，为了让外国旅游者更加深入地了解旅游景点的真正含义，在对景点名称的翻译当中应该考虑英文本身的文化。在我国，长城作为举世闻名的历史文化遗产，成为许多外国旅游者所向往的旅游景点。而长城是中华民族的劳动人民辛辛苦苦、倾尽所有心血建造的，因此，对长城的英语翻译为"the great wall"。但若是不理解长城背后的历史的人，很容易用"the long wall"来解释长城，这个翻译则无法让外国旅游者理解长城的内在意义。我国有许多名闻天下的旅游景点，为了保留景点本身的文化韵味，应该着重做好英语翻译，推进我国旅游业的发展，弘扬我国的历史文化。

（三）培养跨文化意识的重要性

旅游翻译是一件很严肃的事情，但在翻译的过程当中又充满了趣味性。在对旅游景点进行翻译时应与跨文化意识相结合，这样可以将我国景点的文化真实完整地传达给外国旅游者。在旅游翻译的过程当中，应讲究一个真实性，也就是通过语言的文化将景点的地点以及历史与意义呈现出来。这个过程当中，应与跨文化意识相结合，也可以将外国文化在合适的场合展现出来。旅游英语翻译过程中的跨文化意识，可以将我国真实地展现出来。我国是一个历史悠久、具有许多名胜古迹的文化古国，我国的很多名胜古迹都有富含着极其特殊意义的名字，因此，在介绍旅游景点名称时，绝不能简单地只从字面上的意思来进行解释。这时，跨文化意识便可运用于其中，将音译与意译结合起来。

各个国家之间存在着文化差异，因此，旅游行业中的翻译工作便显得有点困难。翻译人员在进行翻译的同时，也应保留本土特色，这便很能考验翻译人员的英语翻译水平。翻译人员不仅要对旅游景点进行详细的了解，更要对不同国家的不同文化进行掌握，防止在讲解旅游景点时，冲撞了一些外国旅游者。语言的特色将会成为旅游英语翻译过程当中跨文意识培养的重要纽带。旅游英语翻译这项工作不仅考验翻译人员对不同文化的掌握，而且还要求翻译人员具有跨文化意识。

（四）培养跨文化意识在旅游英语翻译中的策略

旅游英语翻译在我国这种具有独特的历史以及意义的背景下，在翻译过程当中不可过度死板，应进行相应的变通。为了更好地表达旅游景点的名称，在英语翻译的过程当中，音译与意译的结合显得尤其重要。如果翻译人员在英语翻译过程当中只采用其中一种，则会无法全面表达旅游景点名称的内在意义。音译与意译结合翻译比单独一种翻译的表达效果要好得多，能够更好地让外国旅游者理解我国具有特色的旅游景点。

从翻译途径上来看，大致可以分为翻译人员的口头翻译、景点相关信息的宣传小册子的翻译以及景点名称标牌上的翻译。无论是口头介绍的翻译、宣传册子的翻译还是简单的名称翻译，在翻译过程当中都应该做到准确的进行，最大限度地让外国旅游者了解景点信息的内在意义。因此，翻译人员在最开始接受学习以及培训时，就应形成跨文化意识。我国应对旅游业的英语专业翻译人员着重培养在旅游英语翻译方面的跨文化意识。

总而言之，当前是一个经济快速发展的时代，其中最突出的特点便是跨文化意识的交流。不同文化之间的交流在不断加深。我国文化博大精深，旅游景点众多，在翻译过程当中，既要遵从景点本身的意义，又要提起外国旅游者对景点的兴趣。我国旅游景点迎来了越来越多的外国旅游者，因此，旅游景点的英语翻译就会显得尤为重要。英语的翻译可以影响我国在外国友人心中的形象，更会直接影响我国旅游业的发展。侧重对跨文化意识的培养也可提高我国翻译人员的翻译水平。所以，培养在旅游业当中的英语翻译的跨文化意识十分重要。

第三节 商务英语翻译中跨文化交际能力的培养

对于商务场合在口头交流及相关文书内容的中英互译过程中，由于这两种语言在实际使用过程中方方面面都存在诸多差异，因此对于翻译者来说，需要具备较高的跨文化交际能力。本节基于此，针对商务英语翻译中与跨文化交际相关的影响因素进行了分析总结，并由此提出在商务英语翻译中需要提升的重点——语言能力、社交能力、对不同文化体系的理解能力和思维反应能力等。本节旨在通过相关研究总结，使得译者在进行自我提升时能够更加具有针对性和效率，通过自身较高水平的翻译能够使得国际商务活动沟通交流更为准确顺畅。

自中国加入 WTO，外企在中国的投资不断增加，与世界各个国家的商务活动日益频繁，对复合型英语人才尤其是商务英语翻译人才的需求持续增长。但由于生态、物质、社会及宗教等环境不同，不同民族在各自语言环境中的语言习惯、社会文化、风土人情等诸多因素影响国际商务翻译活动。本节从商务英语翻译中跨文化交际的影响因素入手，提出跨文化交际能力的培养重点，以便更好地进行商务翻译活动。

一、跨文化交际对商务英语翻译的影响因素

国际商务活动自有史以来就是一种跨文化的交际活动，世界各国的经济贸易或者交易者都带着本地区、本民族的文化在进行交往、交易、交际，因此，商务英语翻译将受到特别强的跨文化交际的影响，具体影响因素如下。

（一）交际语言文化因素

1. 词义方面的影响

除了少部分专业名词术语之外，无论是中文还是英语中的单字、单词、词组及句子都有多重含义。英语及中文中的词义之间都有不对应、部分对应和完全对应这三种关系。只有高度专业化的名词术语能够达到完全的对应，比如"Pacific"和"太平洋"彼此对应。大部分英汉词语都是部分对应，但在具体应用中由于还要受具体语境及上下文影响，因此也都需要区分对待处理。一般英语的单词及词组往往比汉语的灵活度要高，对于上下文语境的依赖程度也更大。

2. 词序方面的影响

英语和汉语中很多表达，其词序根本不同，有时候其词序恰好相反，比如：第十页和 Page10、李先生和 Mr.li、布什总统和 President Bush 等。从英语及汉语的句子结构方面来说，其状语和定语的使用位置都是截然不同的。汉语中的定语绝大多数放在被修饰的主体之前，而英语中定语是可以出现在被修饰的主体之前或之后的。汉语中状语大都是放置在

被修饰词之前的，后置状语可能会变成补助语并且产生歧义，而英语中的状语也是可前可后的，要由具体情况决定。因此可以说在语法结构上，英语的灵活度是更高的。

3.句法结构方面的影响

在进行商务英语翻译时，英语句法结构方面需要更加严谨，不同的衔接形式及顺序可能带来不同的语感，因此为了避免产生歧义以及给人留下不好的印象，需要严格按照相关的方式来进行。而汉语语法结构相对于英语更加松散，虚词的使用量也要少得多，讲究以意驭形，用语义透出其要表达的逻辑关系。汉语句子中有时候省略了主语或者不存在主语的句子是不算语法错误的，而英语句子中尤其是商务英语的表达中，主语一般都是必不可少的。除了一些高度随意的口语句子，英语的句子缺乏主语是难以被理解和接受的，并且英语的主语基本上都是物称主语。无论是英语还是汉语的谓语部分都主要由动词构成。汉语中的谓语动词虽然使用得较为频繁，但形态变化并不多，只有"过、了、着"表示的有限的几种形态；英语则重时、体、态，英语中有 10 多种时态，因此英语动词形态丰富，变化复杂。

（二）思维方式上的因素

在思维方式上的差异，一定程度上也影响着汉英语翻译的逻辑性和表达性，从而影响着商务英语翻译的精确性。

首先从表达方式的角度来说，英语对于语法结构上的严谨、严密和精确是十分注重的，其虚词、词性变化及关联词都是非常有讲究的，而且英语句子之间的衔接也较为紧密，逻辑结构十分清晰；而汉语的表达方式则体现出"意隐于形，形随意走"的特征，在语法结构上不及英语的严谨及严密，关联词语也使用得极少，句子之间的逻辑关系往往并不是十分清晰。

然后从逻辑性的角度来说，汉语在进行表达时倾向于从大到小，从整体到局部，而英语则反之。一个典型的例子是，汉语在表达时间时都是采用某年某月某日的形式，而英语是某日某月某年；还有写信时留的地址，英语是从小到大，从门牌号到街道，再到城市及省或州。而汉语正好相反，先写所在省份，然后是城市、街道，最后才是门牌号。这点是由两种文化的一直以来的思维差异造成的。

（三）社会文化方面的因素

在跨文化交际中，社会文化上的差异将直接影响到商务英语翻译，主要表现在以下方面：英汉两国在地域特征上的差异。中国及西方国家在所处地理位置及自然环境方面有诸多不同，因此也形成了不同的民族个性。比如生活在大不列颠岛上的英语民族，周围海洋环绕，阴沉多雨，难见阳光，航海非常发达，形成了自身的航海文化。而使用汉语的中华民族是典型的内陆民族，其所处气候为温带大陆性气候，并有着长达数千年的以农耕社会为主的历史。这些由于各自生存环境带来的差异也在其语言表达中有所体现。

二、商务英语翻译中跨文化交际能力的培养

针对上述跨文化交际对商务英语翻译的影响，本节有针对性地提出跨文化交际能力的培养的对策，如下。

（一）语言文化能力培养

语言能力培养需要从用词及组句两方面入手。

要想提高最终的翻译水平，译者需要首先注重英汉两种语言的商务词汇的学习积累，词汇量才是掌握一门语言的基础要素。译者首先应该广泛阅读各类英汉商务文章、正式文书等，比如商务报纸杂志、商务新闻快讯、商务合同、商务信函及法律文件等。译者同时还应该尽力把握机会多参与一些跨语言商务活动，在切身实践体会中掌握不同词汇的用法。除此之外，翻译涉及两种语言的使用过程，因此译者也应该不断加强自己的汉语言功底。译者平日也要不断加强自身文化修养，丰富自身思想内涵，不断总结掌握各类中英文商务沟通交流谈判及写作中需要用到的标准词汇、词组及句式等，提高自身的商务素养和相关知识储备。最后译者还要掌握多种翻译的方法及技巧，灵活通过直译、意译、音译和增译等方法来完成准确迅速的翻译。

语法的主要功能体现在对句式结构、语义结构及二者关系的准确体现。对于译者来说，语法与单词一样也是需要熟练掌握和灵活使用的基础知识。语法能力的培养应该从日常的听、说、读、写中进行不断练习，同时译者还要保持对商务英语相关语法的不断关注及学习。翻译实践中要重视培养句法能力，准确分析语序和句法结构，充分理解语句内涵。

（二）思维能力培养

译者由于易受母语思维影响，翻译时习惯性套用本族语思维方式，否定翻译能比较典型地反映中西方思维差异。如将中文"我认为他不同意这项条款"译为"I think he doesn't agree with this claus"，译者没能正确把握中西方思维方式差异，用中式思维对译"我认为"为"I think"，应将否定放在句首，进行全部否定而非部分否定，"I dot't think he agree with this clause"才是正确翻译。

另外，译者还需要加强培养的一点就是发散思维能力。首先译者需要对英汉语的思维方式都有准确而充分的把握，对于其中的共通性与差异性都有全面的了解，并且在翻译过程中需要把握好这些差异性，在翻译时注意使用符合对方语境的词句，避免造成歧义。译者需要在平日多阅读、聆听及观看各类商务英语材料，比如领导人演讲、科技文献及政府报告等，不断加强自己对英语的思维习惯的掌握程度，同时自己也尽力进行说和写方面的大量练习，从而锻炼自己举一反三的思维能力和临场应变能力。

（三）社会文化能力培养

目前大多数第二语言的学习者都注重词句语法而忽略文化背景。不同国家及民族之间

语言交流的同时也是不同文化之间的对话，译者要对文化及语言这两者予以恰当的权衡，避免重语言轻文化的倾向。译者要想切实提高自身的翻译水平及层次，还要培养对西方英语国家文化的敏感度和理解力。在国际商务交流中，不同文化背景的各方都会首先根据自己的文化角度来考虑和处理问题，而无意间就会忽视不同文化背景的对方的理解和感受。为了促进各方能够实现准确顺畅友好交流，并达成高效率的商务合作，译者在进行翻译时不能生搬硬套，而要根据不同的文化语境对翻译内容进行灵活的增减修饰处理。

另外在商务交流中，除了口头及书面语言之外，肢体语言也是一个必不可少的补充。肢体语言也是人的情绪及情感的最直接的表达。而不同文化背景下的各方可能其肢体语言的表达形式及内容均各自迥异。比如西方英语国家普遍认为在谈话的时候紧盯着对方的眼睛表示坦诚及直接，而在中国文化中往往认为谈话时紧盯对方眼睛是傲慢及咄咄逼人的体现，会被认为是一个人粗鲁的表现。因此译者在进行现场翻译时还需观察各方的肢体语言表达，并适时地做出描述和解释。跨文化交际的原则是各方都需要在平等友好的立场上进行，而非一方对某一方的盲目追捧崇拜或轻视贬低。因此译者需要对不同文化背景的参与者的肢体语言表达有充分准确的理解，在有助于自身进行准确翻译的同时，避免不必要的误会和摩擦产生。

不同民族有不同的历史背景、风俗习惯、风土人情、文化传统，从事国际商务的翻译人员必须了解并掌握民族文化差异，提高跨文化交际能力，设法在翻译过程中消除差异，减少失误，进行有效的商务翻译活动。

第四节　大学英语四级翻译对跨文化能力培养

随着经济社会的不断发展，各行各业都在发生着翻天覆地的变化。自新世纪以来，我国在各个领域都注入了新的活力，人们对于生活要求的质量也越来越高，而在国际之间的文化交流也开始越来越广泛，所以英语是大学生必须掌握的一门语言，而英语四级作为检验英语能力程度的一个标准，自然在应对跨文化交流的问题上有比较重要的作用，所以接下来就对大学英语四级翻译在多元文化交流能力培养方面的作用进行探讨。

一、大学英语四级翻译概述

在对大学英语四级翻译对跨文化能力培养的作用进行浅析之前，首先需要明白了解大学英语四级翻译的主要内容，而大学英语四级与英语六级在我国已经具有悠久的历史，从我国开始普及九年义务教育之时，就已经在全国普遍应用在大学教育中，它作为检验英语能力水平的一个标准，对大学生未来就业和发展都提供了一个不错的基础。英语四级相对来说比较容易，并且比较基础，而其中的英语四级翻译部分也是一个比较重要的环节，它对于跨文化能力的培养是具有非常好的良性作用的。首先根据历年的英语四级真题，在翻译这部分，大都是给出一段有关世界各地或者一些国家当地的文化习俗或者风景名胜的话，要求考生进行翻译。所谓跨文化能力，就是对于外来文化的接受能力和学习能力，对于跨文化能力的培养，英语四级翻译在这一方面是比较鲜明的。它常常会给出一段中国某地的文化习俗，让我们在了解其中文化的中途来进行翻译和学习，这正是彰显了英语四级考试的魅力。它所翻译的内容大多为文化习俗、风景名胜，也旨在将我们的英语能力发挥到对外来文化的了解上，而对于外来文化、当地习俗的了解，也是与外国人打开交流话匣的开端，所以大学英语四级翻译具有非同寻常的意义。

大学生跨文化交际能力是指大学生在一定文化价值观支配下与来自不同语言文化背景下的成员交往的实践中表现出来的能力和水平。在日常学习中，学生较少能够得到真实的跨文化交流实践机会，而培养学生的跨文化交际能力又非常重要。教育部高等学校外语教学指导委员会在《大学英语教学指南》中将大学英语课程设置分为三个板块，其中一个板块便是"跨文化交际"。目前的大学英语四、六级考试为通用型英语考试，学生只要达到了 425 分便认为自己通过了，英语达到了该等级水平，这种观念是值得英语教学工作者反思的。2017 年初，教育部副部长林蕙青表示：中国英语能力等级量表已完成主体研制，英语能力等级考试在 2020 年前逐步推出。这意味着，大学英语四、六级考试将面临前所未有的重大改革，曾经这一考试推动着大学生努力学习英语，但后来因为"功利性"地追求分数，出现了很多学生通过考试却无法很好地进行跨文化交际的情况。事实上，一味地指责大学英语四、六级考试也是不完全合理的，其中的一些试题，如翻译题目能够较好地帮助学生提高跨文化交际能力。

二、大学英语四级考试翻译题的现状及分析

（一）大学英语四级考试翻译题的现状

2016 年修订版的全国《大学英语四级考试大纲》指出，四级考试的翻译试题要求"考生能将题材熟悉、语言难度较低的汉语段落翻译成英语。段落的内容涉及中国的文化、历史及社会发展"。纵观最近三年来的 5 次四级考试翻译题目，不难看出所选题目都是符合大纲要求的，如对珠江、黄河、长江的介绍（2017 年 6 月），红色、黄色、白色在中国文化中的象征（2016 年 12 月），对功夫、风筝、乌镇的介绍（2016 年 6 月），中国父母的关注点、丽江古镇的介绍、关于外国人汉语演讲比赛的简短新闻（2015 年 12 月），中国的经济特色、中国南北主食文化、中国的快递服务业介绍（2015 年 6 月）。并且，同一考试时间的三套题目文本越发一致，难度差别就越小。

翻译试题的基本要求是考生能"基本准确地表达原文的意思，做到语句通顺，句式和用词较为恰当，能运用基本的翻译策略"，试题篇幅较短，一般为 140 ~ 160 个汉字的段落，内容大多是考生较为熟悉的，语句多为概括性语句，考生约半个小时即能完成。这样

看来,试题并不难。但实际的情况是考生的平均分只有 4 分多。与作文一样,四级翻译采用总体印象评分方式,而不仅局限于语法结构、词汇以及固定搭配的使用。满分 15 分,分为 5 个档次:14 分档(13 ~ 15 分)要求译文能准确表达原文的意思,译文通畅,结构清晰,用词贴切,基本无语言错误,仅有个别小错,但能做到的考生在全国来说是很少的。11 分档(10 ~ 12 分)要求译文基本能表达出原文的意思,结构较清晰,语言通顺,但有少量语言错误,同样地,这对考生来说也是不容易做到的。8 分档(7 ~ 9 分)要求译文能勉强表达出原文意思,译文较连贯,允许有相当多的语言错误,甚至其中有一些是严重错误。其实,这样的要求并不高,9 分相当于及格分数,虽然普遍来看该分档的考生人数比 11 分档的要多,但仍然比 5 分档的要少。大多数的考生翻译得分是在 5 分档(4 ~ 6 分),这个档次允许译文仅表达小部分原文的意思,译文连贯性差,有较多严重语法错误,基本上在这个档次的考生能写出正确的句子也不多,多数意思只能从关键词语中猜出,并且存在相当多的中式英语的表达。2 分档(1 ~ 3 分)的译文除了个别词语或句子翻译正确外,基本没有表达出原文意思。这个分数档的考生,英语水平极度不佳,基本无法表达出题目的意思,处于该分档的考生也不算多。究竟是什么原因导致考生在翻译试题上无法得到较好的分数呢?

(二)问题产生的原因分析

从语言词汇层面来看,四级翻译基本不存在生词,若有,题目中也会有提示;从语法层面来看,中学的语法知识已经很全面,四级翻译中考查的句子并不复杂。根据考试大纲的考核技能要求,翻译部分考核学生能否运用恰当的翻译策略和语言知识将主题熟悉、内容浅显、意思完整的汉语段落用英语表达出来。由此可以看出,翻译的题目从内容上看亦是不难的,但考生仍旧不能很好地完成该部分的考核。主观题可以很好地反映考生的英语语言运用能力,如果说作文尚可能由于审题不清或无话可说而失分,那么翻译便不存在这些理由了,所以,翻译可以很好地体现出考生的英语综合运用能力和水平。从语法层面来看,考生需要把汉语信息转换成英语,这涉及选用合适的英语词汇来准确表达汉语词汇的意思,并且需要用符合英语规范和表达习惯的句型来准确表达汉语句子的含义。那么,考生需要对中英文的句子结构有所把握。之所以提及中文的句子,是出于翻译需要考虑中英两种语言的差别,只有熟悉中文句子结构,能深入理解,才能更好地提取句子的主干部分,选择更合适的英语句型。从语篇层面来看,考生需要用英语准确、完整地表达汉语段落的信息,要做到结构清晰、语篇连贯、语言通顺,这考查的是写出英语句子的功底能力,但鉴于所考查的句子结构都不复杂,所以只要考生能适当配合使用一些翻译策略,便能比较好地把句子意思表达出来。因此,考生在翻译部分首先需要提高的是母语的阅读能力,以正确理解短文中上下文之间的逻辑关系,做到合理断句,能够套用英语中恰当的句型,而这些,也是和跨文化交际能力分不开的。

三、大学英语四级翻译的主要特点

在对大学英语四级翻译有一定的了解后，其中英语四级翻译相较于其他翻译比较突出的特点主要分为以下几个方面。

（一）对当地文化习俗全面概括

一段简单的话，却可以让我们清晰快速地了解一个地方的文化习俗，而其中对于文化习俗的概括，也要求我们在翻译的时候能够对于文化有深刻的认知，这对于跨文化能力的培养是具有直接的效果的。

（二）关键词比较直观清晰

在英语四级翻译过程中，其中需要翻译多次的单词往往就是这段话的核心，也就是一个文化的魂，它让我们对于一个文化具有直观鲜明的了解。

（三）与时俱进的文化焦点

需要翻译的这段话，往往具有时效性，总是会将当地文化从古至今的发展一一概括，让阅读者能够了解得更加全面，并且能够对当地文化了解得更加及时和有效。

（四）具有鲜明的文化特点

对于英语四级的翻译，不论是从何种角度看，永远和文化之间有着不可分割的联系，对于内容来说，总是会体现出一个时代、一个地方的文化特征，这也为考生提供了比较好的方向。

四、大学英语四级翻译对跨文化能力培养的作用

大学英语四级翻译的主要特点在上述已经阐明，而它对于跨文化能力的培养的作用是显而易见的，大体主要分为以下几个方面。

（一）加强对跨文化的了解

上述已经提到，在英语四级翻译中，其中的内容总是和文化息息相关的，所以为了能够更好地抓住相关题型的信息，就需要不断地了解各地的文化，并且将其中比较关键的词语来进行学习和记忆，将它的单词和有关的句子进行摘录和记忆，这对于实际的练习有比较好的方向。简单来说，虽然英语四级只是作为检验英语能力的一个标准，但是所谓的它也是一个考验，在我们为了达到目标而不断学习记忆单词并且为了通过而大做练习的同时，也在让我们潜移默化、循序渐进地学习着源源不断的知识。在英语四级翻译这一方面，更能体现出对于跨文化能力的培养。

（二）加强跨文化交流的能力

在对英语四级翻译的不断解读和练习的过程中，也加强了对跨文化交流能力的培养。

首先，在进行学习和了解当地文化的过程中，我们不断地汲取着其中有营养价值的文化内涵，同时间接地加强了跨文化能力的交流，在面对国际友人的时候，不仅可以用英语来打招呼和交流，而且还可以交流他们当地的文化习俗，这样不仅可以展现自己的语言功底，得到他们的夸赞和认可，更重要的是，了解他们的当地文化，就不会做出一些由于不明白当地习俗所导致的尴尬或者误会。了解他们当地的文化，也是对于他们的一种尊重，并且对于各地文化的了解和区分能够很好地获得外国友人的好感度，在一定程度上有利于自己的发展要求。总而言之，英语四级翻译对于加强跨文化交流的作用显而易见。

随着经济社会的不断发展，人民日益增长的美好生活需要和不平衡不充分的发展之间的矛盾日益增加，而为了更好地加快中国特色社会主义的建设，在新时代发展和坚持中国特色社会主义的基本方略更是要求我们要在发展的同时站稳脚跟，脚踏实地地去发展和革新。而对于大学生的自我要求就是通过英语四级来稳固自己的英语基础，同时了解世界各地的先进文化和民风习俗，培养自己的跨文化交流能力。

第五节　文化自觉与跨文化翻译能力培养

新时代的大学英语教学，需要为国家培养具有文化自觉意识、同时具有跨文化翻译能力的人才。针对这一时代使命，提出将"企鹅经典"中国文学英译本引入大学英语课堂教学，通过大量研读和对比分析这些翻译文学经典作品，不仅可以有效地提高学生的跨文化翻译能力，还能够加深对中国文化的理解，增强文化自觉意识。

长期以来，国内大学英语课程对西方文化关注较多，而对中华传统文化的学习不够系统、深入，导致大学生普遍关注西方文化，部分学生甚至盲目崇拜西方文明，而对本民族文化缺乏了解，文化自觉意识薄弱，更缺乏文化自信以及文化对外输出的能力。在新的历史时期，国家从文化战略的高度提出了对外讲好中国故事的时代要求。面对新的时代使命，提高大学生的跨文化翻译能力，同时促进学生的文化自觉意识，甚至是跨文化的自觉意识，显得尤为重要。

那么，大学英语课程如何利用大学生喜闻乐见的方式，引导大学生阅读中国文学与文化，提高文化自觉意识，同时提高跨文化翻译意识与能力，学习更有效地讲好中国故事呢？本书提出，将"企鹅经典"中国文学英译本引入大学英语课堂，可以将培养学生跨文化翻译能力和提升文化自觉意识有机融合起来。

一、"企鹅经典"中国文学作品英译本——用地道英语讲述中国故事的典范

中国文学作品"走出去"的进程虽然十分缓慢，但也不乏优秀译本的出现，并逐渐被

英语世界的普通读者所接受。在这方面，那些被收入"企鹅经典"书系，由企鹅出版社出版、在多个英语国家发行的中国文学作品英译本，可谓是用地道英语讲述中国故事的典范，代表了中国文学作品英译的最高水平。

自 20 世纪 60 年代以来，中国经典文学作品如《红楼梦》《西游记》《三国演义》《聊斋志异》《浮生六记》《鲁迅短篇小说全集》《围城》《猫城记》以及多部张爱玲小说等，均被收入其中。其中部分是节选译本，如《西游记》《三国演义》《聊斋志异》，虽然是节译本，但选译的均为原著中的精华部分。译者绝大多数是英语世界最著名的汉学家，如阿瑟·韦利、霍克斯、闵福德、蓝诗玲、金凯筠、彭马田、白伦等。他们用简洁、明快而又地道的英语，将中国的文学与文化介绍给了英语世界，可谓是生动的语言和文化读本，获得了英语世界普通读者的高度认可。更为难能可贵的是，企鹅出版社还将其中最受英语读者喜爱的中国作品收入"企鹅袖珍黑皮经典"，俗称"小黑书"，或者"企鹅口袋书"系列，如《浮生六记》的第一章，书名为 *The Man of the Moon*，《聊斋志异》的一部分，书名为 *The Wailing Ghosts*，《西游记》的节选本 *Monkey* 等，这些书籍篇幅短小，但文字地道，内容引人入胜，颇适合大学英语课堂教学使用。虽然有学者提出将中国文化典籍的英译本引进英语课堂，有利于提高学生的文化自觉意识，但多数文化典籍英译本语言艰深，更适合英语专业学生研读。而文学作品英译本，在阅读难度和文学审美方面，更适合大学英语课堂，且同样可以发挥了解中国文化、增强文化自觉意识以及跨文化翻译能力的作用。

例如，沈复的《浮生六记》不仅讲述了沈复夫妇感人的爱情故事，还包括大量中国文化传统、处世哲学和地理人文等，合作译者白伦、江素慧利用简洁、地道的英语将中国人的生活理念和传统文化介绍给了英语读者，颇受英语读者喜爱，不仅在英美多所高校当作教材，而且还被企鹅出版社收入"小黑书"系列。而在中国家喻户晓的《西游记》，由于阿瑟·韦利传神的译笔，其节选译本 *Monkey* 已经在英语国家走过了将近 80 个年头，再版 40 多次，创造了中国文学英译史的奇迹。韦利的译笔文字简洁、明快，通俗易懂，将典型的中国文化形象带给了英语世界的普通读者，非常适合大学生研读。

总之，"企鹅经典"中国文学英译本，作为双语和双文化碰撞的典范之作，多为短小的故事或故事集，或者节选译本。将这些经典译本引进大学英语课堂教学，通过研读中英文译本并从跨文化的视角进行译本分析和翻译实践练习，既可以提高大学生双语素养和跨文化翻译能力，也可以提高学生的文学素养和文化自觉意识，不失为一种有效的融合路径。

二、研读经典英译作品，提升文化自觉意识

什么是文化自觉？根据乐黛云先生的观点，文化自觉具有三层含义：第一，要"对自己的文化有自知之明，也就是充分认识自己的历史和传统，这是一种文化延续下去的根与种子"。第二，在认识自身文化传统的基础上，"按现代的认知和需要来诠释自己的历史文化"，这是更重要的一个方面。第三，"在全球化的今天，文化自觉还有一层非常重要的内

容，就是要在多元文化的背景下找到民族文化的自我，明确在新时代下中华文明存在的意义，它可以为世界的未来发展做出什么样的贡献。也就是说，必须具有当前的问题意识，而绝不是封闭地讨论甚至玩赏传统文化"。

从上述几方面来看，文化自觉意识的培养，第一步无疑就是充分了解和认识自己的文化传统。这一点大学英语课堂是可以有所作为的，引导学生研读"企鹅经典"中国文学英译本不失为一种有效途径。例如，*Monkey*（节选本），*Six Records of a Floating Life*，*The Romance of the Three Kingdoms*（节选本），*Fortress Besieged* 等，汲取其中优秀的中国传统文化精髓，撰写英文读书报告，探讨这些文化理念的当代价值和世界意义，提高学生对传统文化的认知，提升文化自觉意识和民族文化自豪感。例如，可以引导学生通过评价 *Six Records of a Floating Life* 中沈复夫妇的淳朴生活，去探究那种知足常乐的中国处世哲学，提醒忙碌的现代人工作之余别忘记品味生活的美。还比如，探讨 *The Romance of the Three Kingdoms* 中的人物形象及其体现的中国文化，如刘备体现的仁政、爱民思想，关羽体现的忠义文化，诸葛亮代表的中国智慧等。对上述中国文化及其当代价值的深入探究，可以为对外讲好中国故事奠定基础，逐步发挥中国文化在全球化时代的重要作用。

三、开展经典英译分析与实践，增强跨文化翻译能力

文化自觉，绝不是文化自闭或自大，而是需要具备跨文化沟通能力，了解他者文化，在多种文化的交流、沟通和碰撞中完善自己的文化，并最终服务于全球。在此方面，大学英语教学同样能够发挥重要作用，是培养学生跨文化翻译能力极为重要的方面。为此，研读"企鹅经典"中国文学英译本即为重要途径。例如，引导学生从跨文化的视角出发，通过中英对比研读，探究两种语言以及两种文化的异同，分析其中的跨文化翻译策略，包括中国文化元素的英译策略，可以提高学生的跨文化翻译意识与能力，从而学会更有效地运用地道英语讲述中国故事和翻译中国文化。

（一）跨文化阐释的方法

这里继续以《浮生六记》为例，该书四部译著中，"企鹅经典"版文字最为简洁，接近日常口语，最受国外读者欢迎，并且译者采用了明显的跨文化阐释式的翻译策略，这对提高学生的跨文化意识和跨文化的翻译能力具有很强的指导意义。例如，第三部分正文中，沈复的父亲在不知真相的情况下，给沈复写信，斥责他的妻子背着丈夫私自借钱，还设法将责任转嫁到小叔子启堂身上。对于"小叔子"这个称谓，白伦、江素慧直译为"little uncle"，保留了中国文化，同时在尾注中对此做了解释："这里指的是作者的弟弟启堂。小叔子是妻子指称丈夫的弟弟的称谓语。"目的是帮助英语世界的读者理解中国文化。林语堂将其意译为"your brother"，未能将其中的中国文化保留下来。当然，林语堂这样做，是考虑了当时读者的接受能力。

（二）译例对比分析法

翻译从本质上说，就是跨文化交流活动，译者就是两种文化的中介者。王佐良先生曾经说过，译者"处理的是个别的词"，"面对的则是两大片文化"。翻开中国文学经典作品，处处可见中国文化，如何将优秀的中国文化适当地介绍给外国读者，而又易于外国读者接受，实则不是一件容易的事情。阅读中国文学经典及其英译本，通过中英对照的方式，或者多译本比较研读的方法，开展课堂讨论，不仅有助于增强学生的跨文化意识和翻译能力，同时还有助于加深学生对中国文化的理解，增强文化自觉意识。

《浮生六记》第一段原文如下：

余生乾隆癸未冬十一月二十有二日，正值太平盛世，且在衣冠之家，居苏州沧浪亭畔，天之厚我，可谓至矣。东坡云："事如春梦了无痕"，苟不记之笔墨，未免有辜彼苍之厚。

这里涉及的中国文化因素较多，如"乾隆""癸未""十一月二十有二日""衣冠之家""沧浪亭""天"或"彼苍""东坡""笔墨"，以及苏东坡的诗句等。

阅读"企鹅经典"白伦、江素慧的译本，译文如下：

I was born in the winter of the 27th year of the reign of the Emperor Chien Lung, on the second and twentieth day of the eleventh month.Heaven blessed me, and life then could not have been more full.It was a time of great peace and plenty, and my family was an official one that lived next to the Pavilion of the Waves in Soochow.As the poet Su Tung-po wrote, "All things are like spring dreams, passing with no trace." If I did not make a record of that time, I should be ungrateful for the blessings of heaven.

第一，译者采取了添加的翻译方法如"乾隆"和"东坡"前分别添加了"the Emperor""the poet Su"，弥补了英语世界读者对中国文化的缺失，十分恰当。但对"乾隆"的翻译是"Chien Lung"，其中采用了大写字母"L"，容易让英语读者产生误解，认为"乾隆"姓"Lung"名"Chien"或者姓"Chien"名"Lung"，不如林语堂的译文"Ch'ienlung"更准确。

第二，译者将"癸未"这一传统的中国天干地支纪年法，转译成"the 27th year"，可能的原因是这一纪年方式对英语世界的读者过于复杂，难于理解，这一转译的方法，既保留了部分中国纪年方式，即"乾隆27年"，又便于西方读者理解；只是不无遗憾的是，"癸未年"是"乾隆28年"，桑德斯译本对此做了调整。值得一提的是，译者白伦、江素慧还添加了简单的尾注："1763"，表明这一年是公历纪年的1763年，可见译者明显的跨文化意识，值得借鉴。

第三，这里的"十一月二十有二日"指的是中国的农历十一月，不同于英语中的"November"，这里译者保留了源语文化及行文方式，翻译成"the second and twentieth day of the eleventh month"，但不免有冗长之嫌。

第四，语序调整。即将"天之厚我，可谓至矣"调整至"正值太平盛世，且在衣冠之家，居苏州沧浪亭畔"之前。这样做的目的是将主要信息前置，然后再补充具体原因，更符合英语的行文习惯。

第五，保留源语文化意象，如汉语中的"天""彼苍"，直接翻译成"heaven"。而在林语堂译本中，"天"转译成了英文的"gods"，属于归化的翻译方法。之所以存在这种差异，是因为林语堂译本产生在 20 世纪 30 年代，当时的英语读者对中国文化知之甚少，采用归化的方法，更易于读者理解。而到了 80 年代，随着更多中国文化作品翻译到了英语世界，国外读者对中国的"天"的文化意象应该有所了解，在上下文的帮助下，不会产生阅读障碍。

第六，其中的四字成语，如"太平盛世""衣冠之家"，翻译成了"a time of great peace and plenty""an official family"，前者使用了"peace and plenty"，不仅表达地道，而且还产生了押头韵的效果，可谓精妙。"衣冠之家"更主要指"书香门第"，但在中国封建社会"学而优则仕"的传统文化里，翻译成"an official family"也是可以接受的，何况沈复的父亲的确是在绍兴县衙内担任幕僚。

最后，对苏东坡的诗句"事如春梦了无痕"，译者翻译成"All things are like spring dreams, passing with no trace."可谓简洁、精到，值得借鉴。

从上述分析可以看出，"企鹅经典"版的《浮生六记》虽然存在一些瑕疵，但瑕不掩瑜，译者有着强烈的跨文化意识，在译文读者能够理解的情况下，尽量采用异化的翻译方法，恰当地传播了中国文化，值得借鉴。此外，还可以就上述中国文化元素的翻译，进行多译本比较分析，当然这种对比分析，需要带有一定的历史观，即需要结合各自译本产生的时代背景、译者翻译目的等多方面因素，得出一个相对客观的结论。也就是说，跨文化的翻译意识和翻译能力的培养并非在真空中进行。

（三）中国文学英译实践对比法

在译例比较、分析的基础上，还可以进行实际的中国文学乃至中国文化的英译片段练习，在翻译实践中，结合翻译目的、读者状况等训练跨文化的翻译能力，从而能够用地道英语讲述中国故事，有效地促进中国文化对外传播。在这方面，同样可以借鉴"企鹅经典"中国文学英译作品。例如，可以选取《西游记》中的片段，让学生进行翻译实践训练，然后再对照韦利的译本，通过与名家名译进行比对，寻找差距，取得进步。

新时代的大学英语教学，需要牢记中华民族文化复兴的伟大使命，并紧密结合当代大学生对中国传统文学与文化缺乏了解的特点，培养跨文化翻译能力和文化自觉意识显得尤为重要，将"企鹅经典"中国文学英译作品引入课堂教学不失为重要融合路径之一。

引导大学生大量研读"企鹅经典"中国文学英译作品，可以深入了解中国传统文化，提升大学生文化自信，传承优秀的中国文化。同时引导学生从跨文化的视角，分析文化差异对翻译的影响，掌握跨文化交流的规律，提高学生的跨文化翻译能力和双语表达能力，促进用英语讲述中国故事，提升对外输出中国文化的能力。

第八章　跨文化英语翻译的实践应用研究

第一节　跨文化在英语新闻翻译中的应用

英语新闻翻译是英语新闻最为重要的技术工作，要注重英语新闻翻译，更要注重跨文化思维。在英语翻译中全面掌握各国的文化特点，了解不同国家的民族历史和发展环境以及社会政治制度，同时要积极研究不同民族的阅读习惯，对比各国的新闻表现方式，在翻译中实现新闻内容的独特性和形式的对等性，做到文化思维的有效对接。确保英语新闻翻译更加精准，英语新闻阅读更加自然，更符合受众的认知和思维，促进新闻传播，真正实现新闻的价值，服务国家文化输出，推动中外文化交流。

一、跨文化思维概述

全球化背景下，我国与世界经济的联系更加紧密，地球村让世界各国人民变得更加亲密，让沟通交流更加便捷。在全球一体化的背景下，每个国家都要立足国内，放眼世界，寻找自己的位置，融入世界，走全球化发展道路。研究世界经济发展，密切了解各国动向，关注国际风云变幻。英语新闻是人们获取信息的最为重要的途径，是人们放眼世界的最主要窗口。不同人对英语新闻有着不同的需求，中国要更好地走向世界，要与"一带一路"沿线国家以及与西方发达国家保持更加密切的关系，真正实现中华文化的伟大复兴，全面建设中国小康社会，必须注重中国与世界的密切联系，注重中国文化与世界文化的融合。要进一步推动中华文化发展和繁荣，服务中国经济健康发展，推动产业结构优化升级，必须与更多国家做好更为深入的沟通。中国经济、文化对世界各国有非常强的吸引力，要更好地满足国际社会对中国的认知需求，就要注重英语新闻翻译和传播。不同民族有着不同的生活习性，不同国家在长期的历史发展过程中形成了自己独特的认识方式和审美标准，他们的社会制度、宗教文化、生活习俗等是他们文化思维的集中体现，也反过来影响着他们的思维。作为最主要的文化载体，语言背后呈现的是一个民族的思维方式，要注重跨文化思维意识，消除中外文化思维之间的差距，让每个英语新闻受众更加方便快捷地了解中国时事，对于促进中外文化交流、促进不同民族之间的沟通具有非常重要的价值和作用。

所谓跨文化思维，是指不同文化之间相互进行语言转换时要找到一种思维的对接，要根据不同国家、不同民族的思维习惯，结合语言的组织规则和表达方式，实现语言和思维的有效对接，实现文化、思想、心理的有效沟通。语言背后是文化，是思维；语言蕴含丰富的文化意蕴，是独特的民族思维。要做好英语新闻翻译，必须把握精准的英语翻译尺度，寻找英语新闻翻译的跨文化平衡点，实现英语新闻翻译的精确性和灵活性，消除文化思维差异所带来的认知偏颇和理解障碍，最大限度地迎合英语新闻受众的思维特点和文化认知特点，让英语新闻阅读更加自然，真正促进英语新闻传播和文化交流。

英语新闻翻译者要充分了解不同国家受众的思维特点，深谙各个国家的文化特质，了解中西中外文化的差异点，寻找最为精确的翻译方式，确保词汇、句式的选择与传达的思想情感对应民族的基本特点。英语新闻翻译要具有较强的跨文化思维意识，翻译者要客观准确地翻译英语词汇，做到英语新闻的通顺流畅，更要具备非常扎实的英语功底，有更为全面的文化素养，运用跨文化思维做好英语新闻翻译，确保英语新闻的客观性、真实性和生动性。

二、跨文化思维在英语新闻翻译中的应用原则

中国和西方国家有着不同的历史，更有着不同的文化传统。在长期的生存、生活和发展过程中形成的东方思维和西方思维有着较大的不同，在解决问题和分析方面也存在着明显的思维差异，不同思维方式必然会形成不同的语言组织形式，表现出较为明显的语言差异性。中国文化呈现出较为明显的形象性、综合性和本体性特点，而西方语言则体现出较为明显的个体性、客观性、抽象性等特点。要更好地推动英语新闻翻译，必须把握好最基本的文化元素和英语翻译的应用规则，在翻译过程中一定要最大限度地消除因思维和文化差异带来的理解障碍，做好语言文化思维的精准转换。

（一）注重习语文化翻译原则

每个民族都在长期的生产和生活过程中形成了一些关于自然、宇宙、社会、人生的通俗性和口语性词汇或者句式，称之为俗语或者俚语，还有很多的成语、谚语、歇后语等。这些习语不能简单地从字面意义理解，更不能以直译的方式来简单呈现。比如中国的成语、俗语、谚语等，其背后是历史，是特殊的生产和生活方式。英语新闻翻译中坚持文化翻译的基本原则。在习语的翻译中要遵循特定的文化背景，寻找对应民族最为生动而又贴近受众生活的语言形式，这样既能保证英语新闻内容的有效对接，更能凸显英语新闻的真实性和通俗性。

（二）民族文化历史原则

每个国家、每个民族都有自己的传统文化，民族文化是一个国家文化的精髓，是一个国家文化最为重要的组成部分。每一个民族在其历史发展过程中，都会有对历史发展和民族独立方面起到重要作用的历史人物，发生一些影响历史发展的重大事件。这些重要的历史人物和历史事件衍生出一个民族的信仰，展现一个民族的文化价值取向，体现一个国家

的道德理念。新闻在翻译时不能将这些重要历史人物、历史事件简单化，一定要注重民族文化的还原，对历史人物背后所承载的精神、历史事件所隐含的文化内涵充分了解，确保新闻内容翻译的准确性和文化意蕴的丰富性。

（三）语言审美标准原则

英语新闻翻译不仅要传递信息，还要展现语言艺术魅力，要符合语言的审美特点。每一个国家的语言都有自己的文化特性，都有自己的审美标准，翻译时要做到英语新闻的准确性，还要体现语言的艺术性，这样更符合一个国家语言的审美标准，让英语新闻更具阅读性。这就要求在英语新闻翻译时要坚持语言审美原则，在保证翻译真实性和连贯性的同时，要按照一个国家语言的审美标准，凸显语言的艺术魅力，让英语新闻更具鉴赏性，真正促进文化之间的沟通和交流。

三、跨文化思维在英语新闻翻译中的具体应用分析

在全球一体化背景下，在国家软实力越来越重要的新时代，各国都在争夺国际话语权的大环境下，世界格局面临"二战"以来最大的不确定因素。各国都要抢占舆论的制高点，注重文化的输入，更重视文化的输出，做好文化传播，确保文化繁荣，力争有更好的舆论环境。新闻是一个国家的口舌，英语新闻是实现文化传播的最为重要的载体，也是实现文化输出最为便捷的通道。英语新闻要更好地传播，就要注重语言背后文化思维的巨大差异，应用跨文化思维服务英语新闻翻译。

（一）充分重视中西中外文化思维差异

英语新闻需要面对以英语为母语的英美国家，还要面对更多以英语为主要官方语言的国家，与世界各国保持密切的联系。中国的英语新闻受众不仅有英国和美国，还有加拿大、澳大利亚、印度、新西兰、南非等，有超过 70 个国家以英语为官方语言。英语新闻翻译要重视中英、中美跨文化思维差异，还要注重与这些以英语为官方语言的国家的文化思维差异。因此，在英语翻译时，要针对不同国家、不同民族特点，注重英语背后的不同国家的文化特点和思维方式，更好地翻译英语新闻。除了体现中国文化的主观性、形象性和整体性，更应凸显西方文化思维的抽象性和具体性，实现跨文化思维的具体化和个性化。

（二）注意英语国家特殊的文化意象

语言词汇语义具有丰富性特点，不仅有它的本意，还有比喻义、引申义，还有更多在长期的语言文化发展演变过程中凝固的独特情感色彩或者象征，成为特殊文化意象。虽然是同一个单词，但是在不同国家可能就会有截然不同的引申义项，在情感色彩方面具有更强的差异性。英语翻译时一定要有这种较强的跨文化思维意识，要针对一些特殊的意象做专门化处理。比如，最基本的表示颜色的词语，除了表现事物的颜色，同时还具有更多的抽象意义，尤其是在中西文化思维方面，表颜色词语承载着不同的非文化象征，甚至是截

然相反的审美标准和情感色彩。

（三）做好英语新闻翻译的艺术性处理

英语新闻和一般文本一样，要做到精确性，还要注重艺术性。选择合适的词汇和句式，还要注重一定修辞和艺术手法的运用，从而确保语言的生动性和艺术性。英语新闻翻译时要注重不同民族、不同语言的修辞。在语言处理方面一定要充分考虑各国语言的艺术性差异。注重跨文化思维，让词汇更加准确，实现语法有效对接，让语言更具魅力，增强英语新闻的艺术感染力。中国新闻表述中会运用历史典故和文化掌故，并运用一定的比喻修辞，而西方国家也有相应的典故，多是著名的历史人物或历史事件。翻译时要做好中国的历史典故、文化掌故与西方历史人物、历史事件的跨文化对接。

总之，英语新闻翻译的本质是不同民族文化的沟通和交流，在英语新闻翻译时要具有更强的跨文化思维，要强化跨文化意识。做到准确、客观、生动，符合民族思维和认知习惯，让受众更容易接受，让新闻传播更加便捷，让英语新闻阅读更为自然，让新闻背后的深层次文化内涵得以充分展现，推动中西中外民族文化沟通和交流。

第二节　英语语言翻译中多元文化的应用

在全球化背景下，英语广泛普及应用，提高英文水平，可以更好地促进各国的政治、文化、经济、贸易等交流，加深合作。英文翻译是交流的关键中介。从多元化的角度看，有利于提升英文翻译质量，加强跨文化交际。语言的多元化体现在地理位置、民族文化等方面，并反映在生活工作的各方面，应加强文化细节的学习。

一、多元化文化背景下英文翻译的重要意义

在不同语言背景下，为了沟通，需要语言翻译，英文翻译主要分为笔译和口译，无论是哪种形式，都需要将人们所要表达的内容准确、完整地表述出来，不进行过多的修饰，也不掺杂主观臆断。为了使英文翻译更加准确，在翻译过程中，翻译不能单从字面来理解，还要充分了解不同国家的语言文化背景，这样在翻译过程中才不会曲解内容，避免出现错误，不会根据自身的主观情感去翻译，保证将内容清楚阐述出来，并让对方听懂。

近几年，人们越来越关注翻译中的文化问题，认识到文化元素与翻译内容的内在联系，人们对于文化问题的重视，也能看出他们正确看待背景文化知识的真正作用。在具体翻译活动中，因为对于文化掌握得不全面，或是不够了解、误解了文化内容等，导致翻译错误的例子也很多。所以，文化因素对于英文翻译质量有很大的影响，这也成为重点内容。美国著名翻译理论家尤金·奈达说："就真正成功的翻译而言，译者的双文化（bicultural）功底甚至比双语（bilingualism）功底更重要，因为词语只有在起作用的文化语境中才有意义。"

语言是人类进行沟通和交流的重要工具，可以最为准确地表达人们的想法，生动化表述其观点，同时也是承载文化发展、文明进步的重要载体。在国际化发展背景下，语言呈现多元化的一面，站在多元化文化的角度进行英文翻译，可以更好地表述其中的内容，精准，全面，进而提高翻译质量，实现有效的跨文化交际。

二、语言多元化的表现

（一）民族语言具有多样性特点

不同国家、不同民族都有属于自己的语言，语言在形成和发展的过程中，充分体现了民族特点，展现了其进步的全过程。而不同国家和不同地域的人，因为诸多因素，其语言文化也有不同，其中有生活环境和文化背景及发展历史等。社会经济快速发展，科学技术水平不断提升，语言也逐渐规范，例如，在我国大学校园，常常可以看见这样的标语，"请写规范字，请说普通话"，时时刻刻都在规范着学生们的语言。与此同时，在全球化背景下，各国之间的交往越来越密切，英语是国际性语言，是重要的交流工具，在世界交流活动中占据一定位置。因此，如何准确进行英文翻译也成为重要内容，需要通过这种方式加深与国际的交流，促进跨文化交际的有效进行。

此外，英语国家的经济发展水平高、文化元素丰富、科学领域发展迅猛、综合国力强等，促进了英语文化的兴盛。最初，语言出现在群体内的合作生产与交流活动，随着群体的发展与壮大，逐渐成为一个民族、一个地区的交流方式，然后广泛应用。但由于地域因素等不同，语言交流也不同，形成了语言的多元化。而为了加快发展速度，每个民族都会推行自己的语言，使之越来越规范化。从这方面可以看出，英文的广泛推行与应用，充分体现了该民族发展的高水平，证明了自身发展之强大。

（二）地理位置的不同

在具体的交流中，我国与西方打招呼方式会有很多不同，通常情况下，打招呼时都会问："吃了吗""去哪儿了"等问题，但西方人不会问这些，他们觉得这些问题涉及个人隐私，所以，西方人打招呼只是用"Hello"或"Hi"等。例如，一个美国人在中国，每次见面时身边的中国朋友都会问："吃饭了没"，如果回答还没有，中国朋友会说："走啊，去我家吃饭"，这时，对方会觉得这是在邀请自己，但事实上是用来表示客套的方式，而美国人可能会更为直接一些。从这一例子可以看出，不同国家的人对于语言的理解是存在差异的，所以，在英文翻译过程中，要充分了解不同国家的文化背景，所翻译的内容需要凸显不同国家的语言习惯。尤其是在多元化文化背景下，这些是非常重要的因素，可以将语言内容表达到位。

我国幅员辽阔，民族众多，民族文化也具有多样性特点，在进行英文翻译过程中，一定要用合适的词语，这样才能更好地保证翻译内容的准确性。因为地理因素、社会背景因素，以及文化多元化因素等，对于一些词语很难正确理解，常常会误解词语的真正意思，出现了一些交流中的麻烦。中国人的语言表达因为受传统文化影响，更含蓄一些，一些观念看法会采取委婉的方式，而西方人则会更为直接，这与人们所处的文化背景有很大关系，因此，翻译过程中需要认真考虑各方面因素，在交流中可以避免一些问题。

（三）不同的历史文化

我国拥有五千年的文明历史，博大精深、源远流长的文化决定了语言的多元化特点。而其他的一些发展历史比较短的欧美国家，其语言文化层次相对来说简约。我国历史文化悠久，语言内容也极为丰富，有内涵深刻的成语，也有包罗万象的谚语，还有生动形象的历史故事。而在这种复杂且多变的语言环境及历史背景下，在进行英文翻译时，其实很难找到非常适合的词语，只能采取词语罗列等方式翻译，勉强将中文的深刻内容表达出来。例如，在汉语中，"后天"这个词，英文翻译时只能译为明天的明天。我国的计数单位有"亿"，而在英语中，只能用十个千万来表达"亿"的意思，即通过这种叠加的方式表达。在英文里，面对这种简单的习语，需要用复杂的词汇逻辑，还有复杂的历史文化环境等，这些都需要用许多词语进行翻译。所以，历史文化的不同，多元化的语言深深影响了翻译的准确性。中华民族拥有五千年的中华文明，促成了我国语言文化的多样性。也是因为这一原因，翻译很难找到准确的翻译词语，为翻译工作带来许多难度。

与此同时，这种问题不仅会体现在不同国家之间，也会体现在不同地区，在我国南方和北方也存在很大差异。例如，"炕"一词出现在我国北方方言中，由于地理位置的原因，冬夏季节差异比较明显，所以，冬季一些农村地区为了过冬取暖，会搭建"炕"，不仅可以解决睡眠问题，还能为做饭提供便利。但在英文翻译中，很难找到准确的词语来表达，不能单纯用 bed 这个词替代，因为无论是从功能性角度，还是从实际应用方式，炕与床有很大的不同。

我们有幸处在大环境和平的年代，我国社会相对于一些战乱国家和地区来说，也是非常和谐的。在两次世界大战中，许多国家成了法西斯的殖民地，反法西斯胜利时，法西斯才离开殖民地的国土，但有一部分地区处于封闭状态，这些地区会继续沿用殖民者的语言，所以，导致一个国家出现了不同的语言。现在，世界整体上处于和平时期，人们的思想意识发生了变化，经济与科技等方面，慢慢地与国际社会接轨，需要逐渐加强国际语言的交流。

合理配置资源，充分利用教育资源富集的优势。一方面，从金融支撑经济增长效率来看，在出现不确定因素影响时，相关的金融资源应该更多地向第三产业倾斜，因为第三产业一旦受到经济运行过程中的不确定因素影响时，需要经历的缓冲期在三大产业中最长。另一方面，从金融服务方式来看，应积极探索开展种类丰富的质押贷款方式，如专利权质押、经营权质押、收费权质押等贷款抵押方式。此外，由于存在从业人员方面多有冗余的情况，应深入发展人才战略，培养复合型人才，充分利用教育大省固有的优势。

三、英文翻译中语言多元化文化的体现

（一）在实际交往过程中语言文化的多元化

此外，关于亲戚的称呼也有许多不同，我国有姥姥、姥爷、奶奶、爷爷、叔叔、婶婶、舅舅、舅妈、伯父、伯母、哥哥、弟弟、姐姐、妹妹等称呼，在不同的地区，这些称呼也有一些差别。而在英文翻译中，只有 Uncle 和 Aunt、Brother、Sister 这些词语。在英语中，是不会区分说话对象的年龄，也不会区分他们与自己父母的关系。所以，不同的历史文化促成了语言的多元化，这些是在翻译中需要具体了解的内容。

以赤道为分界，地球划分为南半球和北半球，而处在不同地方的国家，其地理环境和气候等方面有很大不同。由于地理位置原因，人们的生活方式存在差异，语言表达也不同。人们所使用的语言有各自的特点，会体现出地理位置的特点。在英文翻译过程中，常因地理位置不同的语言文化差异而出现一些问题，导致实际意思很难正确表达出来。例如，east wind 这个词被译为东风，在我国，有着温暖和希望的意思。而在英国，这个词则是寒冷刺骨的意思。出现这种差异主要是因为英国是一个岛国，东临北海，西靠大西洋，东风是从欧洲大陆北部吹来的寒冷的风。因此，在英文翻译时，也要充分考虑地理因素。

（二）受教育程度的不同

世界上很多国家的发展程度不同，有的是发达国家，有的则是发展中国家，相对于其他发达国家来说，我国是一个发展中国家，人们的受教育水平也不同，与发达国家的受教育程度相比，我国的受教育水平还是较低的。与此同时，每个国家生活的环境不同，对词语的理解也不同。例如，知识分子，我国与其他国家对其理解就有很大不同。从所涵盖的范围来看，我国因地区经济发展不同，有些地方会把接受过高等教育的人称为知识分子。但那些地处偏远且经济落后的地区，会一些知识的人就会被称为知识分子。而在其他国家，知识分子的范围其实是很小的，他们会把那些拥有一定学术地位的人称为知识分子，并不包括普通大学生。所以，知识分子在国外所指范围要小得多。由此来看，在英文翻译过程中，某些词语在两种语言里，虽然表面上似乎是指一个事物，或是一个概念，但其实并不是这样的。理解之中稍有偏差，就会出现很多问题，造成交流中的麻烦。所以，多元化文化中，了解一个国家的文化背景非常重要，能够提高翻译质量，实现有效的跨文化语言交际。

（三）风俗习惯的差异

我国拥有几千年的历史文化，人们的思想观念、思维习惯、行为方式等深受其影响。现如今，虽然社会发展速度飞快，但人们对于事物的看法，对待事情的态度等，还是会受传统观念的影响。在英文翻译过程中，因为这种风俗习惯的不同，所以翻译内容也会有出入。例如，在我国，常常将狗来比喻一些坏人，或是不好的事情，从狼心狗肺等词语可以

看出。但在英美文化中，狗常常用来比喻人的生活，也由此出现许多词语，lucky dog，就是幸运儿的意思。还有谚语 Every dog has his own day. 翻译的意思是每只狗都有它的好时光，用来表示为"人人都有得意的一天"。从这些例子可以看出，语言文化具有多元化特点，在英文翻译过程中要充分考虑各方面因素，了解对方语言的风俗习惯等，贴近当地生活，使翻译内容更地道，不仅能够保证内容的真实性，还能融入原汁原味的文化，提升跨文化交际水平。

勤俭节约一直都是中国人提倡的美好品德，正如谚语"勤是摇钱树，俭是聚宝盆"一样，倡导大家勤劳节俭。所以，存钱一直都是中国人的一个良好习惯，而这也是许多西方国家所不能理解的。就像失业问题，中国人也面临失业问题，但通常情况下不会严重到刚失业就没有饭吃。西方人却更为注重活在当下，很少有存钱的概念。因此，那些失业就没饭吃的情况并不是夸张的说辞。英文翻译一定要充分了解对方国家的生活习惯，保证翻译内容的忠实性，更为深刻地理解另一种语言的民风民俗，并进行更好的语言文化诠释。所以，为了使英文翻译更为精准，需要针对不同国家的习惯用语和不同的语境等，进行仔细斟酌、反复分析，然后在翻译中体现其思维方式、语言表达及行为习惯，为人们呈现最为准确的翻译内容，保证忠实于原始意图。

加强对不同国家语言多元化的重视，充分了解其产生原因和影响因素，以及来源等内容，会使英文翻译更为准确，能够生动表达出其语言内容的原始意图。通过有效的翻译，加强跨文化交际，提高交流水平。随着社会的进步，经济水平不断提升，文化发展越来越多元化，在国际交流与合作中，英文翻译所体现的功效非常明显。所以，从语言文化多元化的角度出发，提高对英文翻译的重视，加大投入力度，使英文翻译更具科学性、规范性，并注重内涵建设，对于英文国家的社会背景、文化背景、民俗习惯等进行全方面了解，从而推动跨文化交际的有效完成，加强我国与世界的交流与合作。

第三节　跨文化在广告英语翻译中的应用

随着经济的快速发展和各国经贸交往的增加，广告翻译日益重要。广告翻译不仅是语言的翻译，还是一种跨文化的交流活动，它要求译者必须具备很强的跨文化意识。因此，在翻译广告的时候，译者必须理解和把握不同民族的文化心理特征、文化传统、思维模式和审美习惯，并通过转化这些文化，用准确恰当的方式传递源于广告的文化信息，同时使广告译文顺应译入语的文化传统、表达习惯及审美标准，发挥广告的经济价值。本节从广告语的语体特征出发，简要分析广告语翻译中文化差异的主要表现，进一步探索文化差异对广告语翻译的影响。

在生活中我们不难发现，广告语翻译是一项非常灵活和复杂的工作，其中重要的原因之一是中英文化差异所带来的影响。由于不同的民族有其各自独特的文化，因而跨文化交际中的文化差异在很大程度上影响着广告对象的接受心理。近年来，随着中国市场的不断开放，跨国企业本土化意识加强，对广告语翻译的准确和地道与否提出了更高的要求。

一、对基本定义的阐述

（一）文化意识

《柯林斯高阶英汉双解学习词典》对"文化意识"定义是：someone's cultural awareness is their understanding of the differences between themselves and people from other countries or other background, especially differences in attitudes and values. 其中文含义是：一个人的文化意识是他对自己和来自其他国家或背景的人在态度和价值观上差别的看法。文化意识和人们各自不同的价值观、宗教信仰、行为习惯和生活方式直接相关。换句话说，文化意识就是人们在秉持自身文化习惯的同时，尝试或感受其他的文化。

（二）广告语与广告语翻译

传统意义上的西式广告却要来得直接得多。最典型的例子就是美国知名运动品牌耐克的广告语"Just do it!"（想做就做）。三个单词组成的简单句，用最直接明了的方式激励着爱运动的运动员和年轻人，展现出一种积极向上、勇于拼搏的体育精神。同样地，作为祈使句，耐克像是在"建议"人们能够自主行动起来，想做就做，是一种品牌精神的体现。

由于文化差异的存在，直译往往无法准确表达广告语的内涵，可能会误导受众，或是引起受众的歧义和反感。在广告语翻译中，我们需要先了解原广告语的含义，并用符合对方用词习惯的方式将同样的意思表达出来，保障广告语的准确性。

广告是商业宣传的重要途径之一，那么广告语必然是具有商业目的性的。广义上，广告语指的是所有在广告宣传中所用到的方式和方法，它包括声音语言、音乐语言、图像语言、色彩语言以及书面语言。狭义上，广告语是指在广告中出现的文字语言。本节的论述对象就是狭义上的广告语，它具体包括商标、广告标题（包括标题、主题和字幕）、宣传口号、广告警示和广告文本。广告语翻译就是对这些内容进行中英意思的准确转换，通过对字词句谨慎的选择和巧妙的编排，将相关信息准确地传递给广大消费者。

二、跨文化意识在广告语翻译中的表现

（一）价值观差异

语言是文化的载体，也就是思维方式的载体。思维方式很大程度上影响了文本内容的编排，以及人们说话行文时的遣词造句、谋篇布局。从本质上讲，翻译就是不同思维方式的转换。中国人喜欢委婉非直接地表达自己的想法，对意境和词句中带有的神韵更为关注，而西方人则更重视思维过程中的逻辑和推理，表达方式上也更敢作敢当，直接不含糊。因此，在用词用语上，传统的中式广告较为注重音韵、修辞、意象等方面的运用，将想要传

递给受众的产品信息隐藏于意境中，希望从整体上感染受众。中国某房地产集团的广告语是：气度不凡，大家风范。该广告语采用四字词并列的形式，与中国传统诗歌类同，词尾押韵，蕴含浓浓的文化韵味，同时，向受众透露出一股中正豪气，暗指其楼房档次高。

西方文明起源于希腊和罗马。强者生存的环境突出了个人的重要性，再加上中世纪的文艺复兴运动，逐步形成了西方文化的个人主义思想。今年香奈儿推出全新五号之水，其广告语是"You know me and you don't."（你懂我又不懂我），通过两句看似对立矛盾的简单句，实则呼应今年香奈儿香水"正反论"的主题，将全新五号之水奢华感与小清新相结合的特征完美展现，也是对女性个体魅力的诠释。这种以女性个体为口吻的广告语表达方式，恰恰体现了西方文化中的个人主义。

近年来，随着国际化的不断推进，不同国家人民的价值观念都在潜移默化地发生变化，但传统的价值观仍被多数人接纳并占据重要地位。中西方价值观差异最显著的体现在于中国人崇尚集体主义，而西方人偏向个人主义。中国起源于部落的统一，自古强调群体价值，这与儒家思想也有着密切的联系。儒家倡导社会的和谐有序，提倡个人对群体的忠诚和责任。

跨文化意识指的是对不同文化要素有一定理解的人们之间进行的跨文化交流。一般来说，跨文化意识可以分为四个层次来分析：能够从表面发现不同文化中的相异现象；能察觉到对方文化与自己文化有显著差别的文化特征；能通过理性分析证实或者在理论层面理解自己文化的显著特征；能在对方文化背景下，自主察觉其文化的不同，并能设身处地为对方着想。拥有跨文化意识可有效避免跨文化冲突的发生，同时对他人文化有一定的敏感度和识别力，有利于在不同文化背景下以恰当的方式行事。

（二）思维方式差异

美国语言学家 Robert Lado 曾在其《跨文化的语言学》一书中提出："一种语言既是一种文化的一部分，又是该文化其他组成部分的主要表现手段，影响到双方的文化传统。"语言是文化的表现形式，而文化充实了语言的内涵。两者相辅相成，不可分割。

中西方文化差异性很大，自然在语言表达上也会有所不同。一些词句背后所蕴藏的含义和象征意义都不尽相同，有的甚至还大相径庭。"龙"在中国象征着吉兆，也象征着至高无上的权力和无尽的荣华富贵。但在西方，"龙"是邪恶的象征。在一些西方的童话故事里，龙都是毁灭世间万物、给所到之处带来灾难和绝望的存在。故事里，勇敢的骑士因为杀死恶龙，营救好人而被世人称赞。因此，在广告语的翻译中，类似具有不同象征意义的词语不可直译，不然会大大影响营销的效果。

三、跨文化意识对广告语翻译的影响

（一）准确性

广告作为企业营销的手段之一，有其目的性。一般而言，广告语需要具备简洁干练、生动形象、易于记忆等特征，从而有效传达信息，成功引起受众的关注。英语广告语在表达用语上较中文广告语更直截了当。祈使句如 "Buy it now and get 50% off!"（即刻下单即享半价优惠！）、简单句如 "Apple thinks different."（苹果电脑，不同凡"想"）都是典型的英文广告语，而中文广告语就相对更含蓄一些。因此，在进行广告语的汉译时，尤其是高档产品广告语的汉译，要注意用词用语不可太过露骨，避免传销式、口号式的用语，因为这些可能会引起中国受众的反感，拉低商品档次，有损商品在受众心中的良好形象。

（二）艺术性

中华民族自古以来都对诗词之美有独到的热爱，广告语亦是如此。对于一些四字词、修辞、押韵、双关等写作手法的使用，广告语语句可以变得更加优美，从而营造独特的语境，让受众感受到古典美，在潜移默化中吸引着受众。

控制成本费用的支出、降低成本是任何企业都想要实现的目标。供水企业不仅要在企业的内部树立起新的成本管理理念，同时还应该顺应市场的经济发展需求，在企业的内部建立相应的成本管理体系。除此之外，供水企业还应该结合自身的实际特点以及企业的生产经营情况，对企业中不同环节的成本费用进行有效的把控，从而实现对企业成本的全面控制。

汰渍洗衣粉的广告词 "Tide's in, dirt's out."（汰渍到，污垢逃）就是个很好的例子。英语版本有很强的直观性，符合外国人的喜好；中文版本增加了押韵的部分，读来朗朗上口，为广告语增加了节奏感，易被记忆和传诵。另外，一些销售红木家具的企业，常常会使用诗歌式的广告词来营造古风意境。如员外楼红木的广告语"红木紫檀藏雅韵，传家品藏员外楼"，将古诗的写法融入其中，以彰显红木家具所承载的文化底蕴和无限价值，与商品风格遥相呼应。

在商品经济发展迅速的当下，广告语作为企业营销最重要的方式之一，其重要性不言而喻。因此，在对广告语进行翻译时，应充分了解中英间的文化差异，避免受到双方价值观、思维方式和文化习俗不同的影响，从而影响广告语的准确性、直观性和艺术性。企业应重视跨文化因素对广告语翻译的影响，有针对性地培养或聘请专业的翻译人士进行广告语的翻译，避免出现低级错误造成误解，影响销售和品牌形象。

第四节　跨文化在旅游景点英语翻译中的应用

文化是国家民族的重要精神传承，每一个国家都有不同的文化历史。中西方文化不断地碰撞和交流。中国作为具有五千年文明历史的文化古国，具有深厚的文化内涵、底蕴。越来越多的外国游客关注中华文化历史，但是由于中西文化的差异性，在沟通和交流方面存在一些问题，在一定程度上妨碍中西文化的交流。本节分析跨文化意识翻译的重要性，研究实际应用方法。

伴随着全球化的发展，越来越多的外国游客来中国游玩。这对于我国的旅游行业而言是一个重要发展契机。我国地大物博，从先秦时期到汉唐辉煌再到明清文化，每一个历史时期都拥有宝贵的文化财富，都是当之无愧的历史瑰宝，让外国游客体会到不一样的历史文明，并沉醉其中。但是，外国游客在欣赏我国的历史瑰宝的过程中，难免出现语言交流不顺的情况。因接受的文化存在差异性，翻译过程中出现错误，让游客误解文化内涵。这是应当改进的。

一、跨文化意识的意义及其重要性

跨文化意识通俗地说，是指接受不同文化教育的人或团体进行文化交流。文化影响的不仅仅是语言，还包括人类的习惯及思维方式等。跨文化意识的主要目的在于文化交流，交流是一个双向性的概念，由于文化存在差异性，很多文化内涵都无法得到有效表达，在实际交流过程中，我们应本着求同存异的心态看待跨文化意识交流。对本土文化有充足的信心，同时充分尊重对方文化，达到求同存异的效果。在跨文化意识交流过程中，语言障碍影响大。需要优秀的翻译人员熟悉双方的文化特点，并能够根据特定的语境进行对应的翻译。尤其是旅游行业，涉及的历史文化内容较多，很多都是我国特有的历史文化产物，西方人很难知晓具体文化内涵，使跨文化意识交流受到影响，因此探究旅游景点的英语翻译具有重要意义。

二、一些旅游景点中英文翻译存在的普遍问题

（一）景点名称英语翻译不统一

景点是吸引游客的关键词，但是旅游景点英语翻译名称不统一，导致外国游客对我国的旅游景点产生一些误解。而且，随着中西方文化的交流，部分旅游景点已经采用全新的英语翻译名称，部分景点仍保留原有的英文翻译名称，使得部分外来游客产生误会，甚至还有外来游客误认为是两个不同的旅游景点。因旅游景点英文翻译的不统一导致我国旅游景点的文化传播受到阻碍。该现象大量存在于我国的旅游指南或旅游宣传手册之中。例如，我国的著名旅游景点——"黄山"，英文翻译就有很多版本，常见的有：Huang Shan、Mt.Huang、Yellow mountain 等，导致国外游客经常产生误解。

（二）文化理解不足导致理解出现偏差

跨文化意识交流过程中，一定要充分了解双方的文化差异性，并结合相应的语境意思完成翻译。尤其在旅游景点中，每个景点都包含特有的景点文化。由于翻译者对文化认知程度不足，翻译词汇流于表面的情况常有发生，使得很多外国友人产生误解。最典型的是大雁塔，大雁塔是我国唐朝的标志性建筑，也是我国的标志性旅游景点之一，文化底蕴及

文化影响力可想而知，大雁塔的英文翻译早已被定为 Dayan Pagoda。但是，部分英语翻译者却将其翻译成 Big Wild Goose Pagoda，意思是大野鹅塔。这种例子还有很多，例如，我国著名城市"贵阳"被翻译成 The expensive sun，中文的意思为昂贵的太阳。这就是典型的不了解文化的直译。这样的歧译对于外国游客了解中国文化无疑是不利的，甚至某些外国游客看到"Big Wild Goose Pagoda""The expensive sun"等名称奇怪的景点时，会下意识地产生误解。

（三）用词不当

当前，部分旅游景点存在翻译水平低下的问题，一些旅游景点进行中英互译时，无法有效表达出想表达出来的含义，因为翻译用词不恰当，外国游客无法真实懂得中国旅游景点的意思。比如，在翻译"枯藤老树昏鸦"一句时，有翻译人员将其翻译为"rattan、tree、crow"。这种翻译方法的确将待翻译句子的所有事物主体都翻译了，但是翻译之后缺失了句子原本的内涵。在翻译这些具有内涵情境的语句时，应该充分尊重其中所包含的内涵，"枯藤老树昏鸦"完全可以翻译为"Crows hovering over rugged trees wreathed with rotten vine—the day is about done." 或者翻译为"Withered vines hanging on old branches, returning crows croaking at dusk."不论是中文还是英文都是一种语言，语言是存在精神内涵的，仅对主体进行翻译，而失去文化内涵，无疑是本末倒置的，导致一些外国游客在看见这样的翻译后兴致缺失，无法感受到这句话的意思。

三、跨文化意识在旅游景点英语翻译中的实际应用

（一）地名景点英语翻译

在跨文化意识交流过程中，一定要依据外国游客习惯的阅读方式翻译。英文阅读方法和中文阅读方法不同。例如，在翻译过程中一定要注意宾语后置等英文阅读理解习惯。特别是旅游景点的名称翻译直接影响我国的文化内涵传播，应用于旅游景点时需要更加注意。根据外国游客的阅读习惯，对某些山、湖、海都要进行翻译。例如我们所熟知的五岳之首"泰山"，如果正常翻译的话，直接翻译为"Tai mountain"即可，但是为了方便外国游客阅读，都会将其翻译为"Taishan mountain"，以便外国游客更好理解。但是并不是所有旅游景点都应该以中文名翻译，最典型的例子是"拙政园"，拙政园位于苏州，是我国著名的旅游景点。对于拙政园公认的英文翻译为"Humble Administrator Garden"。但是，如果仍然使用中文命名翻译"Zhuozheng Garden"，外国游客就会认为这只是一个普通的公园，完全理解不到背后的典故。

（二）历史人物及历史事件英语翻译

让外国游客了解我国历史人物及历史事件，是传播我国文化内涵的重要内容，对于历史人物及历史事件的英文翻译一定要慎之又慎。大多数翻译过程中需要将朝代的年份及

人物成就包含在翻译内容中。例如，在翻译"唐朝贞观年间"的时候，应该翻译为"The reign of Zhenguan in Tang Dynasty"。同时，翻译历史人物时一定要补充翻译身份及个人事迹等，例如在介绍"李世民"时可以翻译为：leader of insurrection against the Sui dynasty who founded the Tang dynasty ; reignedas Tang Taizong。这样可以让外国游客对李世民这个历史人物有更加透彻的了解。

（三）中国古诗词翻译方法

中国文化的重要表现行为是古诗词，古诗词中有许多著名的经典语句，在旅游景点中频频出现。古诗词中蕴含了诸多语境寓意，如何翻译好古诗词是跨文化意识交流的重中之重，对翻译者的要求极高。以家喻户晓的《静夜思》一诗为例："床前明月光，疑是地上霜。举头望明月，低头思故乡。"这首诗的作者是诗仙李白，意思为月光铺洒在窗前，我怀疑它可能是地上的冰霜。我抬头看着天上的月亮，又低下头思念着我的家乡。这首诗寥寥几句诠释了诗人思念家乡的思想情感，并对身边景物进行了细致的描绘，让人有身临其境之感。英文翻译可以译为："On a Quiet Night I saw the moonlight before my couch，And wondered if it were not the frost on the ground.I raised my head and looked out on the mountain moon，I bowed my head and thought of my far-off home."

（四）历史文化专用词汇翻译

因东西方文化存在差异性，我国很多词汇都属于专属名词，在英文翻译中，外国游客很难理解这些专属名词表达的含义。旅游景点的翻译实质是希望可以通过详细、贴切的翻译让外国游客更好地体会中国文化的内涵。因此，这些历史文化专属名词的翻译是旅游景点翻译的重头戏。最简单的一个例子，身为炎黄子孙，一定要参观黄帝陵。很多英文翻译者将这句话翻译成了："As a descendant of the Chinese people，we must visit the mausoleum of the Yellow Emperor."这句话的翻译内容确实将表达的意思翻译出来了，但是黄帝这一历史文化专属名词，是指我国古代的伟大首领，不是泛指意义上的皇帝，更不是黄色的意思。外国人在阅读翻译内容时，很难知道黄帝陵的具体含义。因此，这句话完全可以翻译为："As a descendant of the Yan Di and Huang Di，you must visit the tomb of Huangdi(Yellow Emperor)，first chinese chief."这样翻译，外国游客可以很明确地知道炎黄子孙的意义，了解到黄帝是中国第一个领袖。

（五）跨文化意识在信息处理中的注意事项

在跨文化意识交流过程中，文化信息是交流的主要内容之一，尤其是我国的传统节日及各地的风俗，都是外国游客最喜欢的中国元素。翻译旅游景点时，需要对这些中国特有的文化意义词汇着重翻译。例如我国最重要的传统节日"春节"，应该翻译为"The Spring Festival is the most important festival in China.In the Spring Festival，all family members will get together，just like Chirstmas in the West.Its origin is ancient，but many believe the word Nian，which means 'year'，was the name of a beast that preyed on people on the eve of a new year."这样翻译可以让外国游客意识到春节在中国文化中的重要意义。

　　跨文化意识对于促进中西文化交流具有重要意义，跨文化意识是以互相尊重对方文化背景为前提的，重点在于更好地求同存异，了解对方的文化背景。旅游景点是了解文化背景历史的重要场所，因此旅游景点的跨文化意识英文翻译具有重要意义。本节针对当前一些旅游景点存在的不足之处进行了阐述，并结合中西方文化差异性，对于翻译过程中常出现的翻译错误进行了分析和指正，重点对我国的专用文化进行了相关叙述，提出在实际翻译过程中一定要尊重真实语境，让外国游客感受到原汁原味的中国文化。

第五节　跨文化意识在文学作品英语翻译中的应用

　　文学作品英语翻译是一种将汉语文化转化为英语文化的跨文化交际活动，在这种翻译活动中中西方文化差异会不可避免地影响文学作品英语翻译的质量及效果。所以在文学作品英语翻译中应当树立跨文化翻译意识，从跨文化交际视角化解语言文化差异，以意义补偿的方式化解民族文化差异。

　　文学翻译是文化信息在两种语言形式之间的转换，但这种语言转换并不是简单的语言表达方式转换，还涉及不同民族之间的文化差异问题，如果仅仅将文学翻译视为不同语言表达方式的转换，就会产生文化缺省、文化误译等问题，从而影响文学作品翻译的质量及效果。所以在文学作品英语翻译中，应当充分了解中西方文化差异，树立跨文化翻译意识，以恰当的翻译策略解决汉语和西方的文化差异问题。《红楼梦》是中国文学史上的巅峰之作，也是中国经典文学的代表作，本节仅以《红楼梦》为例考察文学作品英语翻译中的跨文化意识问题，探索文学作品英语翻译的有效策略及方法路径。

一、跨文化意识对文学作品英语翻译的意义

　　跨文化意识是指人们对与本民族文化有冲突的文化现象的态度、认识、看法以及对这种文化差异的接受、包容和适应状况。文学作品英语翻译是一种将汉语文化转化为西方文化的跨文化交际活动，在这种翻译活动中会不可避免地产生中西方文化差异问题，这就需要译者拥有鲜明的跨文化翻译意识，以恰当的方式解决文化差异问题。显然，跨文化意识是开展文学作品英语翻译的重要前提，对于提高文学作品英语翻译质量具有重要意义。

（一）跨文化意识是进行文学作品英语翻译的重要前提

　　语言是文化信息的载体和文化交流的工具，它不仅受到民族文化的影响和制约，同时也直接或间接地影响着民族文化的发展。通常情况下，不同的民族往往有着不同的民族心理、历史传统、宗教信仰、语言习惯等。文学作品是带有强烈民族文化色彩的艺术形式，能够很好地展现某个民族的历史传统、价值信仰、社会习俗、思维方式等。由于中西方文

化在地理环境、社会制度、宗教信仰、语言习惯等方面差别较大，所以中西方文学作品在文化背景上往往有着较大差异，没有汉语文化背景的西方读者往往很难读懂《西游记》《围城》《红楼梦》等中国经典文学作品。文学翻译是将某种语言文化信息转化为另一种语言文化信息的跨文化交际活动，在跨文化翻译中不可避免地会出现文化差异问题，如果译者缺乏跨文化翻译意识，在翻译过程中就可能会产生文化误读现象。学者李红梅曾将文学作品中文化误译的原因总结为：文化差异所带来的词汇及语义缺省、源语和目的语的文化模式差异较大、对源语文化产生了文化误解等几种，并指出了文化误译所带来的种种文学翻译问题。所以，在文学作品英语翻译中，译者应当树立跨文化翻译意识，充分考虑文学作品中的中西方文化差异问题，采用合适的翻译策略进行跨文化翻译，以更好地提高文学作品英语翻译的质量。

（二）跨文化意识是提高文学作品英语翻译质量的保证

在社会交际活动中，人们往往根据自己的经验知识、思维方式、价值观念等进行信息交流和情感沟通，双方往往会有意或无意识地省略某些不言自明的或双方都认同的文化信息，以提高信息交流和思想沟通的效率。同样，在文学创作中作者往往会省略一些读者非常熟悉的社会常识和文化信息，如果作者省略的内容与特定的故事场景有关，那么这种省略就是"情境缺省"；如果作者省略的内容与文学作品的语篇信息有关，那么这种省略就是"语篇缺省"；如果作者省略的内容与本民族的价值观念、宗教信仰、社会习俗等文化背景有关，那么这种省略就是"文化缺省"。其中，文化缺省是文学翻译中非常普遍的文化现象，也是文学作品翻译中不得不重视的翻译问题。如果译者缺少必要的中西方文化背景和丰富的生活经验，就无法很好地解决文学翻译中的文化缺省问题。所以，译者应当拥有较强的跨文化翻译意识，才能准确把握文学作品中的背景知识缺失、文化意蕴不同等问题，并采用恰当的翻译策略弥补这种文化缺省问题。唯有如此，才能更好地提高文学作品英语翻译的质量及效果。

二、文学作品英语翻译中文化差异的表现形式

文学与政治、法律、宗教等一样，都是社会意识形态，所以文学作品往往与国家或民族的历史传统、社会习俗、宗教信仰等有着密切联系。同时，由于中国与西方国家在历史传统、社会制度、意识形态、语言表达习惯等方面存在较大差异，在文学作品英语翻译中会不可避免地产生文化差异、文化缺省等问题，这种文化差异多表现在社会习俗、价值观念、宗教信仰等方面。

（一）社会习俗及价值观念差异

中国和西方国家在社会习俗、价值观念、思维方式等方面存在较大差异，这些直接影响着中国文学作品的英语翻译。首先，中西方在时令节气、传统节日等方面存在较大差异。中国人的春节、清明节等传统节日往往带有浓重的民俗气息和生活色彩，而西方人的圣诞

节、万圣节等往往带有浓重的宗教色彩[11]。此外，中西方在价值观念上有着较大差异，中国人认为是美好的事物，可在西方人眼中则有完全相反的意义。比如在西方文化中"dragon"（龙）是贪婪、自私、邪恶、残暴的怪兽，然而在中国传统文化中"龙"却是无所不能的、庇佑人类的神兽，也是威严、地位和权力的象征，从人中龙凤、鱼跃龙门、攀龙附凤、飞龙在天等成语中就可以看出中国人对龙的尊敬和崇拜。再如，中国人视梅兰竹菊为品行高洁的象征，而西方人则认为梅兰竹菊没有这些象征意义。这种社会习俗和价值观念的差异深刻影响着文学作品的英语翻译，如果译者缺乏跨文化意识，往往很难恰当地翻译出文学作品所表达的文化意蕴。

（二）语言表达及思维方式差异

中西方文化在语言表达方式上往往有着较大差异，汉语的句式较为紧凑，多用具象名词进行表达，多通过词汇关系表达语法关系；英语的句子较长，结构也较为松散，多以严谨的逻辑关系和抽象词汇进行表达。汉语和英语的这种表达方式的差异直接影响着文学作品英语翻译。杨绛所译《红楼梦》就将"等满了孝，再圆房儿"译为"Once the mourning is over she can live with her husband"，这种委婉含蓄的翻译方式恰当地表达了"圆房"的文化意蕴。此外，汉语文化和西方文化在思维方式上也有较大差异。汉语文化更多地体现了整体性、感性、主观性的思维方式，西方文化更多地体现了个体性、理性、客观性的思维方式，这种思维方式差异也深刻影响着文学作品英语翻译。汉字多为符号组成的象形文字，英文多为字母和字母组合而成的字母文字，这种造字方式上的差异直接影响了汉语和英语的语言表达方式；汉语多依靠文字意义组织语言，而英语则依靠逻辑关系组织语言，这种语言表达方式的差异给文学作品英语翻译带来许多障碍。比如《红楼梦》中的"李嬷嬷怎不见……想有事才去了"，在翻译中就要加上被省略的主语，加上关联词"but""and"，这样才显得结构严谨，逻辑关系合理。

三、跨文化视域下文学作品英语翻译的方法策略

在不同民族文化和社会环境中成长的人往往有着不同的文化背景，对本民族成员而言，这些社会文化和生活常识往往是约定俗成、不言自明的。但是对其他民族成员而言，这些社会文化和生活常识则往往是陌生的，不知所云的。所以，从跨文化交际的视角看待文学作品英语翻译问题，用恰当的翻译策略解决作品中的中西方文化差异问题，才能更好地提高文学作品翻译的质量及效果。

（一）以形式补偿化解语言文化差异

中西方文化差异首先表现为语言表达方式、用词习惯等方面的差异，这种语言文化差异往往会影响译文读者的阅读体验。所以，可以通过对仗、押韵、词缀等方式进行文化补偿，以更好地解决文学作品英语翻译中的文化缺省问题。比如《红楼梦》中有许多诗歌、辞赋、

11　章振邦. 新编英语语法教程 [M]. 上海：上海外语教育出版社，1998.

谚语等，这些文学体裁多采用对仗、押韵、重复等语言表达方式，翻译为英语时就应当采用相应的文学表达方式，以更好地表达作品所承载的文学意蕴。

首先，可以用头韵法、韵脚法等方式解决汉语和英语的语言文化差异问题。在中国文学作品中诗歌多是偶句押韵，并且常常是一韵到底，然而英语文学作品中的诗歌押韵方式却非常灵活，经常出现交错押韵、变换韵脚、隔行押韵等表达方式。在文学作品英语翻译时，应当采用转化押韵方式进行文化补偿，以更好地解决汉语和英语的表达方式差异。比如《红楼梦》中的诗歌"欲讯秋情众莫知……解语何妨片语时"，就可以用以"i"为韵脚、一韵到底的方式对汉语诗歌的押韵进行补偿。此外，可以用词缀法、句型法等方式解决汉语和英语的语言文化差异问题。在文学作品英语翻译中，经常会出现对仗、反复、叠音等修辞手法，这时可以通过给英语单词添加后缀或前缀的方式进行翻译补偿。比如"情中情因情感妹妹，错里错以错劝哥哥"采用了非常鲜明的对仗，为了准确表达这种语言结构，可以用加后缀（Wordless、groundless）的方式对诗句中的对仗表达方式进行翻译补偿。再如，为了使英文翻译更加符合原文的对仗结构，可以将"情切切良宵花解语，意绵绵静日玉生香"中的"良宵""静日"译为"One Quiet Day"。

（二）以意义补偿化解民族文化差异

汉语文化和西方文化在社会制度、社会习俗、宗教信仰、意识形态等方面都有着较大差异，所以，在文学作品英语翻译中会不可避免地产生文化差异问题，这时就需要通过增译法、替代法、解释法等方式进行必要的意义补偿，以提高文学作品英语翻译的效果。

首先，增译法。当文学作品所蕴含的文化信息无法直接翻译出来时，译者应当通过增译法补充或还原作品的文化背景，使译文读者能够清晰理解译文的思想内容。比如《红楼梦》中"鸳鸯"不仅是一种小鸟，更是爱情的象征，这时候就需要用增译法进行翻译，将"鸳鸯"译为"love-birds"。再如《红楼梦》中"药经灵兔捣，人向广寒宫"就是以神话故事"嫦娥奔月"为文化背景的，但是对中国传统文化不熟悉的西方读者往往不知道嫦娥奔月的故事，这时就需要在译文进行必要的注解，添加"in an ancient legend...becoming the goddess of moon"的英文解释，这样才能使译文读者准确把握诗句的文化意蕴。《红楼梦》中经常出现"五台山"一词，这里的五台山并不是普通的山，还隐含了在五台山成仙成佛的意思，如果将"五台山"简单地翻译为"Mount Wutai"，显然不能准确表达原文的文化意蕴，这时可以在译文中添加注释"carry you as an immortal on his head to Mount Wutai"，这样就能很好地表达原文的宗教文化意蕴。

其次，替换法。虽然汉语文化和西方文化是两种不同的文化系统，但是它们在许多方面是相似的、共通的，可以在两种文化中找到相似的文化意象。所以，我们可以用文化意象替换的方式进行文学作品翻译，以更好地解决中西方文化差异问题。比如《红楼梦》中经常出现"骨牌"一词，它与西方文化中的骨牌在意义上非常接近，所以就可以将"骨牌"译为"domino"。再如《红楼梦》中有"飞燕泣残红"，这里"飞燕"指的是中国历史上能歌善舞的皇后赵飞燕，但是许多西方读者都不知道赵飞燕的历史典故，所以在翻译时可以将"飞燕"翻译成"Daiyu"，这样就可以较好地表达出这一词汇的文化意蕴。在诗句"秦鲸卿夭逝黄泉路"中出现的词汇"黄泉"，西方读者由于不了解中国的婚丧文化、宗教文化等，不理解黄泉的文化意蕴，这时就可以将之译为"dying"。《红楼梦》中有一个丫鬟"紫鹃"，紫鹃不仅是鸟儿的名字，也隐含了杜鹃啼血的意义，西方文化中紫鹃（Purple Cuckoo）带有愚笨、疯子等象征意义，这种情况下就应当将紫鹃翻译为"Ningtingale"。

文学作品往往与民族语言、民族文化有着密切联系，并带有鲜明的民族文化烙印。翻译家奈达明确提出，成功的文学翻译不仅要熟练掌握文学翻译技巧，还应当熟悉两种文化的文化差异、文化背景等。所以在文学作品英语翻译中应当树立跨文化意识，高度重视文学作品英语翻译中的文化缺省、文化差异等跨文化问题，采用恰当的策略进行文学翻译，以更好地提高文学作品英语翻译的质量。

第六节　跨文化在英语谚语翻译中的应用

谚语是民间流传的简练而固定的语句，常常是用简单通俗的话反映深刻的道理。其特点在于民间流传和含有明晰的哲理性，且都具有一定的教育意义和普遍的认同性，既可以是历史经验的总结，道德规范的倡导，也可以是前车之鉴的教训。英语和汉语中有的谚语在形式和意义上是对应的，在翻译时可用对等的汉语谚语去翻译。

谚语（Proverb）是群众中广泛流传的现成语句。谚语是人类生活体验的累积，凡是文化发展到一定阶段的人类社会，在其日常生活中，均会使用这种特殊语言。这种特殊语言，充分地反映着人类社会的观照、感受、知识、经验、特性，多数是人民群众长期生活和斗争经验的科学总结。翻译工作者除掌握两种语言外，还应具备政治文化、行为文化、道德和美学文化及经济文化等知识，语言中渗透着社会意识和文化传统，因此，如不了解外国的文化传统，也就不了解外国的语言文化。因此在一种语言文化中不加解释就能理解的事物，特别是在语际转换之时，若在另一种语言不加以说明，就容易产生可译却不可理解的问题，而这就产生了翻译结果之可译性和可理解性的不完全相等。

一、英语谚语翻译的意蕴与特征分析

谚语虽是一句简短的话，但是其中包含了广大劳动人民的智慧，只有准确理解其意思才能进行翻译，因此理解是翻译的前提。同时，不完美的表达也将成为谚语翻译的败笔。谚语的翻译不仅要保持原文的意思和风格，还要符合译文的语言习惯，更要简练。因此，在准确表达了原文的意思之后，还要仔细斟酌，进行适当的修饰，以达到通顺、优美、得体。俗言、谚语，是普遍流传的话，为多数人了解、所惯用的，在语言生活当中是最受众人欢迎的。因为义理深刻，语词简明，雅俗共赏，尤有助于谈话的兴趣，每一句俗话、谚语，都会博得大众的认同。谚语是人类于各时期所累积下来的实际观察以及日常经验的成果，为了便于保存和传达，乃自然地以一种具有无意识、简短、均衡、和谐、灵活诸特征性的便于记忆的语言表达出来，以作为人类推理、交往以及行动时候的一种标准。

有时，英语谚语在汉语中无法找到对等的谚语表达法，采用直译法又不能表达其真正的含义，就只能根据英语谚语的主要意思进行翻译，这时，原语中的词性、词义、结构等概念性因素难免需要做些调整和引申。这里的意译转换法即指这样的情况。当然，前面对等翻译法在某种意义上说，也是意译转换翻译方法的一种。不同的是：对等翻译法强调了谚语形式和表达效果的对等，而意译转换法侧重谚语本身含义的转换和引申。

二、跨文化语境下英语谚语翻译的策略

（一）对等套用翻译法

谚语是集人类实际经验之结果，发展为美丽俏皮的简要言词，于日常谈话中可以公然使用，借以增加发言者论点的理由或效力，而规定凡人的行为或事件之当否的人人口头上常说的一种短语。促使不同语言可译的一个重要前提是，因为语言本身是开放的，它就像一个巨大的海绵体，随时吸收新的信息和新的文化交流，同时，也让它在不同民族里逐渐地进行文化融合，产生其语言的影响力。

比如，A friend in need is a friend indeed. "患难见真情"。Birds of a feather flock together. "物以类聚，人以群分"。Blood is thicker than water. "血浓于水"。Never too old to learn，never too late to turn. "亡羊补牢，为时未晚"。Good for good is natural，good for evil is manly. "以德报德是常理，以德报怨大丈夫"。He laughs best who laughs last. "谁笑到最后，谁笑得最好"。Like father, like son. "有其父必有其子"等等 [12]。因此，人们常说，谚语是一个民族人民智慧的结晶。不同民族的谚语既具有一定的共识性，又具有不同程度的差异性，这也是人们在翻译谚语时常常感到困难重重的根本原因之所在。

随着科技的进步、信息的快速发展及文化的融合，现在界定不可译的字词，说不定将来可以求得翻译的方式。换句话说，现在被确立的字词义理，将来也许会被另一种新的翻译方法取代。而可译性和不可译性即是处在这样不稳定的关系里慢慢发展，随着翻译理论不断推陈出新及译者的翻译实务经验增多，可译和不可译已经不像从前那么不可调和，双方已经逐渐朝互相融合的新阶段迈进。一种语言的事物若能在另一种语言中找到对应物，即可称之为可译，但是可译性并不代表译入语读者能够完全了解原文所要传达的信息，也就是说可译性不等于可理解性。

（二）直译完善法

人类思维的基本活动及一般特征是一样的。即使是不同民族，也会有相同或类似的生

12　冯志伟. 应用语言学综论 [M]. 广州：广东教育出版社，1999.

活经验、身体构造、生理需要等。所以不同语言和文化的民族在思维逻辑上会产生许多共同点，使得各种语言也都具有可理解性，成了不同民族之间语言的交流和翻译的基础。主张语言和语言之间可译的人就支持这样的论点，任一民族既然可使用该语言表达该民族的既有事物，同样地，对于其他民族新的事物也能够用该族的语言去表达，而且这样交流的过程也显现了语言和语言之间的可译性。

谚语是通俗的、普遍的社会及民族文化的结晶。所谓通俗，是指语言表达的大众化，它包括两个方面的意义：一是用语通俗，一听就懂；二是意义通俗，深入浅出。每一句谚语都是根据前人的智慧与经验累积而成的，所以我们叙述说理用谚语来取代举例，有时反而更具说服的力量，因为举例无法用三言两语说完，而且还要求得到大众对事理的普遍认同。如果讲出谚语，它本身就已经是一个得到人们肯定的真理，因此一说出来，大家也就心服口服了。比如，A good beginning is half done. 译成"良好的开端是成功的一半"。A good medicine tastes bitter. 译成"良药苦口利于病"。既体现了词义的补充和简约，也体现了英汉谚语形式的补充和简约。

（三）意译转换法

关于不可译的问题的讨论，往往从绝对的对等，而不是从相对的对等着眼。如果有人坚持认为翻译决不允许发生任何信息流失的情况，那么很明显不仅翻译不可能，一切交流都是不可能的。没有一种交流（不论是同语的语际还是同符号的）能在进行中不发生一点信息的流失，即使在专家间讨论一个属于他们本身专业领域的题目，他们彼此之间的相同理解恐怕也不会超过 80%。

有时，英语谚语在汉语中无法找到对等的谚语表达法，采用直译法又不能表达其真正的含义，就只能根据英语谚语的主要意思进行翻译，这时，原语中的词性、词义、结构等概念性因素难免需要做些调整和引申，这里的意译转换法即指这样的情况。当然，前面对等翻译法在某种意义上说，也是意译转换翻译方法的一种。不同的是，对等翻译法强调了谚语形式和表达效果的对等，而意译转换法侧重谚语本身含义的转换和引申。此外，既然是转换和引申，就包括了词性、词义、结构以及风俗习惯等多方位的变化。比如，英语谚语 A stitch in time Saves nine. 如译成"小洞不补，大洞吃苦"，则为意译转换。若译成"及时一针省九针"，就成为直译完善法了。

总之，许多译者在翻译英语谚语时，喜欢找那些意思与之相似或相近的汉语成语来做其译文，这种做法当然无可非议。但有时由于中国和西方有着各自不同的文化背景和语言内涵，所以其成语和其谚语的意思并非一模一样，毫无差异。所以在这种情况下，还是给出更加恰当准确的译文为好。

第七节 跨文化在法律英语翻译中的应用

语言是文化的沉淀，研究语言翻译离不开研究两种文化的异同。从跨文化视角研究法律翻译，应从法律语言的专门性、法律体系的不同性及法律文化底蕴的影响三个方面入手，深入分析其对法律翻译的影响。

在全球化背景下，我国大量借鉴和吸收国外的精华，其中当然不乏法学精粹。可以说，我国法学的日益繁盛离不开法律英语翻译这座桥梁，它连接着中外法律文化。但是自古以来，法律都是精英社会的专利，故法律语言历来生涩难懂。如果翻译者对中外法律体系差别的认知匮乏及法律文化底蕴不足，都将无法完成良好的法律英语翻译。故从跨文化视角研究法律英语的翻译，不仅丰富了法律英语翻译的研究，更有助于我国法学的繁荣。

一、法律语言的专门性

（一）词语的专门含义

一些普通词语在法律语言中有其专门含义，与其普通话的字面含义相去甚远。当人们按照普通话含义去理解时，容易导致理解和翻译的差错，甚至根本无法理解。例如 Baby Act，如果按照普通含义来理解，Baby Act 可能会被理解为"婴儿法"，这样将使读者无法正确理解此法。其实，此处的 baby 等同于 minor，即"未成年人"，故 Baby Act 应该理解为"规定未成年人不承担某些责任的法律"。再如 judgment by default，从字面意思看，也许会将其理解成不履行判决或不到场判决，让读者不知何意。根据 Lexis Nexis 英汉法律词典的解释，default judgment 的含义是因被告人没有送交拟抗辩通知，即送达认收书，或没有提交抗辩，因而做出的未经审讯判决（judgment without trial where a defendant has failed to file a notice of intention to defend，namely an acknowledgment of service，or has failed to file a defence），也就是缺席判决。

同样，在汉英法律英语翻译的过程中，也要注意法律语言的专门性及其严谨性，不可用多个不同的英语法律单词来表述同一法律概念。例如，"原告"在北京外国语大学英语系编写组编的《汉英词典》及其修订版缩印本中有两个译名：plaintiff 和 prosecutor。根据 Oxford Dictionary of Law 的解释，prosecutor 的含义是 The person who institutes criminal proceedings on behalf of the Crown，也就是检控官，应译为"公诉人"。公诉人在诉讼中居于原告地位，但因还担负法律监督任务，不是一般原告。"原告"则可译为 plaintiff。

（二）专门词语

正因为法律自古以来都是精英社会的专利，为了体现其精英性，西方法学大量使用拉丁语及法语等。在 13 世纪、14 世纪的欧洲国家，拉丁语处于垄断地位，之后拉丁语依然作为法律的书面语言被使用着。而法语曾作为上流社会的专用语言，也处于语言的优势地位。且罗马法及后来的法国法律对整个世界法学的繁荣兴旺可谓功不可没，因此对学习法律的人来说，学拉丁文和法语就显得很有必要了。且拉丁语言简意赅，更符合法律语言的特点。如 obiter dictum 为法官判决时所做的非决定性的附带意见（不具有约束力）。Nobody is bound to incriminate himself。而 chose in possession 为可实际占有的物，其中 chose 是法语，意为"物"。

二、法律体系的不同性

当代西方社会存在着两大法系，即大陆法系与英美法系，这两大法系在法律制度上存在着很大的差异。自 20 世纪 80 年代以来，随着世界法律移植的潮流，中国在制定涉外法、民事诉讼法等方面也适当移植了国外有关商品经济发展的成熟法律，吸收了这两大法系的特点后形成了中国自己的体系特征。法系的不同必然导致相同的语言符号可能表达不同的概念，或者某概念在另一法系中的缺失，但也会存在一些法系的共性。因此，翻译者在翻译过程中要认识到这种文化差异，进行比较分析，找到其"功能对应物"[13]。

不同法系中，相同语言符号可能表达着不同的概念。如"监狱"一词，在我国的普通词典中能找到 jail 和 prison，但对两个词语却未加区分。根据《元照英美法词典》的解释，jail 为一种介于警察局拘留所（police station lockup）与监狱（prison）之间的监禁机构，关押等待审判的未决犯和轻罪犯，但是该词典还是将其译为"监狱、看守所"，其实 jail 相当于我国的看守所，应只译为"看守所"即可。而 prison 是由联邦或州政府设立的关押已判决重罪犯的改造场所，相当于我国的监狱。这也是为何于 2006 年风靡国内的《越狱》英文名为 *Prison Break*。

三、法律文化底蕴的影响

诚如奈达先生指出的："To be bilingual, one has to be bicultural."法律英语翻译不只是两种语言的对应翻译，它更要求从事法律翻译的人士熟悉有关法律知识。如果缺少相应的法律文化底蕴，尤其是一些法制史方面的知识，稍有不慎则会谬以千里，抑或是具备的法律文化底蕴不足，造成译文不符合法律文本的要求。如 double jeopardy 常被误译为"双重处罚"或"双重危险"。根据 Lexisnexis 英汉法律词典的解释，double jeopardy 的意思是"使被告处于就相同的行为在超逾一次的情况下被判定有罪的严重危险"（Placing an accused person in peril of being convicted of the same crime in respect of the same conduct on more than one occasion），即嫌疑人不会因为同一案件、同一罪名被两次审理和两次定罪。也就是英美法系中著名的"一事不再理"原则，可上溯至古罗马时期，由"一案不二讼"发展而来。美国宪法第 5 条修正案具体规定了这一原则。如果不了解该历史，就很难明白其中的缘由，

13　夏中华等 . 应用语言学——范畴与现况 [M]. 上海：学林出版社，2012.

自然很难翻译到位。

总之，语言是文化的沉淀。在法律翻译时必然要顾及两种文化尤其是法律文化的异同，并勤于积累有关法律文化内容，以法人思维译出法律语言，为我国的法学繁荣尽一份绵薄之力。

参考文献

[1] 郭艾青.跨文化交际视角下大学英语翻译教学中的中国传统文化输入研究 [J].新课程研究（中旬刊），2017（3）：33-34.

[2] 简丽.论大学英语教学中的中国传统文化翻译 [J].湖北函授大学学报，2017，30（3）：167-168.

[3] 王曦，王珊珊.融中国传统文化于课堂，提升大学英语翻译教学 [J].中国校外教育，2015（20）：11-12.

[4] 叶立刚.大学英语传统中国文化翻译教学策略分析 [J].读与写，2018，15（28）：3.

[5] 倪筱燕.大学生中国传统文化翻译能力培养 [J].牡丹江教育学院学报，2018（10）：59-61.

[6] 陈宏.大学英语教育中翻译专业在"弘扬中国传统文化"中的作用 [J].求知导刊，2018（28）：74-74.

[7] 肖婷.探索大学英语专业教学中融入中国传统文化 [J].卷宗，2018（10）：254-255.

[8] 陈博娟.跨文化交际视域下中华传统文化融入英语翻译教学的策略 [J].西部素质教育，2018，4（2）：150-151.

[9] 任小华.英语学习与文化认同——基于非英语专业大学生的调查研究 [J].广西民族师范学院学报，2011（1）：129-133.

[10] 唐丽萍.中国高等英语批判教育的哲学追问 [J].外语与外语教学，2008（11）：25-29.

[11] 高洁.CET-4改革背景下的大学英语翻译教学研究 [J].石家庄职业技术学院学报，2018（1）：68-71.

[12] 唐丽萍.批判教育在高等英语教育中的适用性调查与思考 [J].当代外语研究，2012（3）：137-140.

[13] 陈道明.隐喻与翻译——认知语言学对翻译理论研究的启示 [J].外语与外语教学，2002（9）：40-43.

[14] 王寅，李弘.语言能力、交际能力、隐喻能力"三合一"教学观——当代隐喻认知理论在外语教学中的应用 [J].四川外国语学院学报，2004（6）：140-143.

[15] 李满红，陈清.英语专业生隐喻能力与翻译水平关系探究 [J].湖南第一师范学院学报，2015（2）：57-60.

[16] 叶子南. 对翻译中"词性转换"的新认识 [J]. 中国翻译，2007（6）：52-53.

[17] 苗兴伟，廖美珍. 隐喻的语篇功能研究 [J]. 外语学刊，2007（6）：51-56.

[18] 王守元，刘振前. 隐喻与文化教学 [J]. 外语教学，2003（1）：48-53.